陈正祥

著

拓 跋 魏 王 朝 之 兴 衰

草烏帝

谨以此书纪念亡友夏鼐教授

在被隔绝的30多年间,我不少朋友都对祖国做出了巨大贡献,例如夏鼐和钱骥。可惜都死得太早了些,这明显和他们的生活环境有关。我知道他们有许多研究计划没完成,想写的东西未能出版。苍天何独惩苦难重重的中国,不该死的人偏要他们早死!

夏鼐(1910.2.7—1985.6.9)是中国最著名的考古学家,现代考古学的奠基者之一。他学识渊博,人品高尚;安贫乐道,生活极度简朴。所睡的木板床,坐上去会吱吱地叫。1950—1962年任考古研究所副所长期间,他负责田野工作:也就是领导发掘工作。其后接任所长,还亲临指挥监督发掘;几乎所有重大珍贵文物的出土,皆在他主持策划下完成。1982年退休,转任中国社会科学院副院长,并兼国家文物委员会主任委员。但每天仍到考古所的那间研究室工作。他对中国考古事业的发展和人才的培养，成绩是无比的；国际学术界公认此项卓越贡献，颁授他许多荣誉头衔。

1975年底，我寄赠一册刚出版的《真腊风土记研究》，据说过了三年才收到，他读后想写书评，认为我对自然方面的注释超越任何人，但考古和当地方言尚有可商酌之处。我鼓励他写，可假设自己不认识我，要做彻底的批评，勿因友谊而失公正，因为中国正需要建立健全的书评制度。过了几年，我收到他寄赠的《真腊风土记校注》，他竟把所说的书评变成了一本书。我去柬埔寨做过实地考察，他没有；我就把所有照片都给了他，因为我书上印出来的不到十分之一。

他掌握的学术面很广，对中外交通史、中国古代科技发展史等皆有造诣。他为学孜孜不倦，工作实事求是。"文化大革命"期间他被迫下放息县劳改，回来后又"靠边站"。我想多知道一些这类怪事，他说事已过去，少说少气愤，我们只是谈学问。1983年夏，我应国家邀请到大西北考察，过北京时有较长时间停留，我们见了五六次面。一次他问华北的原始植被到底是什么？我答主要是草原。这引出了这本小书《草原帝国》；另一次谈古代丝路，我说这路有好几线，青海的一线常被忽视，他表示同意。最近我增订《中国文化地理》，决定加入《丝绸之路》一章。志同道合的人会谈，受益的不限于对谈双方，尚可牵动学术的进步，导致文化的升华。

又一回他严肃地说了几件无法弥补的文物损坏事故，托我向日本朋友询问保护出土文物的新科技，我答应尽力去做。我同京都大学教授贝冢茂树谈过几次，他说这是对双方都有益的事，应该合作。他极热心，立刻用电话叫他的两位老学生，现在的当权派，来看我。在这一方面，我深信日本人是真心想同中国合作的，因为这对他们有更多好处。

日本人对夏鼐考古学的业绩很欣赏，想把他所主持的主要发掘成果都翻译成日文，贝冢茂树不止一次同我谈起此事，我说最好是通过学术振兴会邀请他作三个月或半年的讲学。他赞成我的建议。不过他说日本广播协会（NHK）更实用，可通过它的电视网向日本全国广播，可使对中国有兴趣的人皆能得益。我也觉得很好，因此1983年初，日本著名的NHK就请夏鼐到东京、福冈、大阪三地作巡回讲演，贝冢茂树还亲自跑到大阪去听讲。

这回讲稿合成为《中国文明的起源》出版，不久就售出了一万两千多册，影响很大。

这同我1982年在东京出版的大型《中国历史与文化地理图册》，竟在不到八个月的时间卖完第一版一样，被日本有关学术界传为美谈。

美好的中华大地亟须重吹清新和暖的学风，恢复尊师重道的优秀传统。一切知识分子都应向夏鼐学习。我这样说，并非因为夏鼐是我的好朋友，而是十多次内地讲学考察观感积累的反应。

目录

序　言 …………………… 01

一　拓跋鲜卑的崛起 …………… 001
二　力微率众进入土默川 ………… 016
三　猗卢与什翼犍 ……………… 022
四　道武帝拓跋珪的登场 ………… 029
五　太武帝统一黄河流域 ………… 042
六　平城的营建 ………………… 053
七　孝文帝时代的改革 …………… 063
八　三长制与均田制 …………… 077
九　迁都洛阳 …………………… 094
十　北魏洛阳的繁盛 …………… 121
十一　佛教·寺院·石窟 ………… 146
十二　统治阶层的腐化 …………… 163

十三　柔然与北方六镇 …………………… 175

十四　内乱·分裂·灭亡 …………………… 200

参考文献 …………………… 217

序言

在我所拟的研究著述项目中，从未列有《草原帝国》这一条。中国历史工作者，或者说靠历史吃饭的人那么多，我这门外汉怎么敢呢？十多年前在东京出版了《中国历史与文化地理图册》，事先曾一再向史学界呼吁：此类地图很有用，可帮助人们了解历史；你们如果再不做，我就要自告奋勇了。好在地图到底事关地理，我就放胆让它出版。出版后，各方反应之佳，远出个人意料。

对于大唐帝国，日本人至今还甚崇敬。那图册中约有20幅唐代地图，朋友向我建议，把此等富有特色的地图加以演释，便可写成一册新颖的《唐代地理》。我赞赏他们的好意，但觉还得读些有关的书：首先细心重读《隋书》，发觉隋唐两代的许多规章制度，包括土地政策及户籍，皆起源于北魏的"均田制"和"二长制"。于是又向《魏书》追踪。在这以前，我读过郦道元的《水经注》和杨衒之的《洛阳伽蓝记》，这两部书都有很高的学术价值，著者皆为北魏后期人，反映了北朝文化的灿烂。公元5世纪后半期和6世纪初年，是北魏王朝最承平昌盛的时期，而此一时期最突出的两位统治者：冯太皇太后和孝文帝元宏，亦为南朝所无。

中国的自然环境，特别是水热条件，至少对农作物生产来说，愈到南方愈好。北方边远地区的少数民族，总对南方存"好感"，最好是能入主中原，否则作不定期劫掠。拓跋鲜卑自从走出大兴安岭森林，一直在草原地带活动，而且逐步向南发展，到达江淮地区，然后才停顿下来，不能任意继续南下了。因为活动性较强的骑兵，至此不能再发挥它的优越性。从公元396年（东晋孝武帝太元二十一年）道武帝拓跋珪正式称帝，到557年西魏恭帝拓跋廓灭亡，这个强大的政权持续存在了161年。它的全盛时期，疆域和中国草原地带最相符合，可视为典型的草原帝国。

这个帝国从崛兴到衰败，曾一再迁都。一则表现了游牧民族的本性，更重要的是基于政治的需要。关于北魏王朝的迁徙经过，最好引孝文帝拓跋宏自己的话来说明。当他决心把国都从平城南迁洛阳，在太和十八年（494）北巡回到平城时，元老重臣皆亟言迁都不妥，孝文帝回答他们说："朕之远祖，世居北荒。平文皇帝始都东木根山，昭成皇帝更营盛乐，道武皇帝迁于平城；朕幸属胜残之运，而独不得迁乎？"他如此一说，臣下便不敢再反对了。他顺利地把国都迁到了中原的核心。

孝文帝元宏坚持彻底汉化，把国都搬到洛阳，主要受到冯太皇太后的影响，要他作真正的中原之主。唯洛阳在草原帝国的位置，已颇偏南，接近草原地带的边缘，环境条件和他们的原始活动地区，迥然不同，勉强想再向南推进，就要遭遇较大困难了。北魏最能征善战的太武帝拓跋焘，是典型的超级武夫。他曾孤军南下，直趋瓜步，声言要渡长江。宋军沿江戒严，准备迎击；魏兵深入，粮食不继，士卒水土不服，前面是天堑长江，为北兵从所未见，背后又有不少宋军坚守的城镇，结果只得退去。后来文质彬彬的孝文帝欲亲征南朝，在淮河沿线就碰到困难，最后因战事胶着，终于抱病劳累而死。

他的儿子宣武帝元恪，不再存征服南朝的企望，改取守成的策略；把淮河看作帝国南边的界线，沿河分置重兵，励行屯田。正始元年（504）九月丙午下诏："缘淮南北所在镇戍，皆令及秋播麦，春种粟稻；随其土宜，水陆兼用，必使地无遗利，兵无余力。比及来稔，令公私俱济也。"那个时代，淮河就成了小麦和水稻的分界。在这条境界线的南北两侧，不时有南北将吏互相投降，文化人奔走交流。草原帝国总的军力从此衰微，地方性的叛乱增多，不久就分裂成东西魏了。

自从西晋末年以来，北方遭受长期战乱，人民流离死亡，出现了大批无主的荒地。拓跋鲜卑进入中原，掳掠人口，大规模强制人民迁徙；兼以许多土地的主人因犯罪流配，于是土地荒芜的现象更加严重。等到社会秩序逐渐恢复安定，流亡人户返回乡里，无地的农民自行开发无主的荒地，豪强也乘机霸占，使土地关系紊乱，产权纠纷层出不穷。豪强地主情愿让大批侵占的土地荒着，也不肯分给农民耕种。农民得不到土地，无法谋生，或成了豪强者的隐户，或流亡山泽聚众作乱，形成社会恶性循环。无业游民所走的两条路,都威胁着拓跋氏政权。故均田制的产生,实有其特定的历史地理背景。《魏书·食货志》:"太祖定中原,接丧乱之弊,兵革并起,民废农业。方事虽殷,然经略之先,以食为本,使东平公仪垦辟河北,自五原至于椆阳塞外为屯田……既定中山,分徙吏民及徒何种人、工伎巧匠十万余家以充京都,各给耕牛,计口授田。"这说明早在正式建国之初,也就是拓跋珪时代,便感觉农耕的重要。

太和元年(477),孝文帝下诏重申课田之令:"一夫制治田四十亩,中男二十亩。无令人有余力,地有遗利。"这当然不会是孝文帝拓跋宏本人的命令,而是冯太皇太后借他名义颁发的,因为他当时还只有11岁。认真普遍推行均田制,则是太和九年(485)的事,这一年的十月丁未,正式颁布了均田令,以国家的名义对土地实施分配和调整。

均田制为中国古代土地政策中的一项重要措施,它对安定社会秩序,恢复和发展农业生产有巨大贡献。从北魏开始,经过北齐和北周,以至隋唐两代,制度的具体内容虽有若干改变,但一直被沿袭施行,并在广大的地区有不同程度的效益。作为封建时代土地所有制的一项形式,均田制在中国持续了将近300年,直到唐代中叶才告终止。而孝文帝实为推行此制的第一人。他不仅是南北朝杰出的君主,并且也是全中国最著名的皇帝之一。无论他为何人所生,总是由冯太后亲身抚养、严格训练成人。她为了教导小皇帝,曾制作《劝戒歌》300余章,又撰《皇诰》18篇。两人关系亲爱,史书诸多记载,中国历史上找不到第二个例子。

冯太后是汉人，也是整个南北朝最能干的太后。《魏书·皇后列传》称为文明皇后，死后谥"文明太皇太后"。这个谥号很有意思：大致在她执政时期，此一野蛮的草原王朝，才开始文明起来。她原是北燕的皇族，祖籍冀州长乐郡信都县，却出生在长安。文成帝拓跋濬即位，她被选为贵人，后立为皇后。同书接着说："高宗崩，故事：国有大丧，三日之后，御服器物一以烧焚；百官及中宫皆号泣而临之。后悲叫自投火中，左右救之，良久乃苏。"说明她作为皇后，对皇帝丈夫的情爱坚贞。当时她27岁。

她从献文帝天安元年（466）定策诛灭谋逆的丞相、车骑大将军、太原王乙浑而执政，直到孝文帝太和十四年（490）逝世，先后统治北魏长达24年。她大权在握时期曾经有不少男宠，包括李奕、李冲等；但她生活朴素而并不浪漫，《魏书》称赞她生性俭素，不好华饰，躬御缦缯而已。她宠爱像李冲这样出身名门、学问广博、人品高尚、仪容俊美之人，表示她的恋爱是有所选择的；比起她的后辈武则天来，要高明多了。

可是不论孝文帝还是冯太后，竟无人能给其写出半部合格的传记！文史学家投无聊人口的低级品位，倒写过不少有关武则天的淡黄色作品，据说有关武则天最好的两本书，都是外国人写的。这不能不说是中国文史学界的悲哀。

某次路过巴黎，朋友问我晓得张玉良否，我答在安徽时曾听人说起，有一位内地女作家石楠，曾写过一本《张玉良传》，笔调生动。我当夜立刻写信，托朋友面请，并愿转送一切有关孝文帝和冯太后的资料，希望她能写出一部冯太后的传记来。久居加拿大的女儿寄来一包书，内中夹杂大批剪报，包括刊登在《中国时报》的《一千个冬天》。这篇文章也写得感动人，作者名方瑀；女儿说是同学，那么不是北一女中便是台大的同学。文章是纪念她公公连震东逝世三周年的。我认识连先生，是一位善良的读书人。我到过他的家，他把我赠送他三册一套的《台湾地志》同他父亲雅堂先生的名著《台湾通史》并放在一起，这使我高兴。因为连横先生是一位极可敬的爱国学人，不愿在日本人侵占的台湾生活，举家迁居上海，最后病殁上海。我到台湾最先阅读的一部书，便是《台湾通史》。震东先生有一个儿子，当时似在建国中学念书，喊我作陈叔叔的，便是方瑀的丈夫。我于是也写了一封长信给她，并附赠一册新出版的《串城记》，希望她能抽出时间，读些有关史书，写出一部冯太后的好传记，做得像个著名史家的贤孙媳妇。但迄今亦无回音。难道对文化创作的冷漠，已成为这一代中国人的通病？

在失望之余碰上了几位热心人，使得这小册子能较快地出版。我应感谢香港中华书局高孝湛总经理、钟洁雄编辑主任和危丁明出版主任，特别是钟女士，十多年前编校拙著《中国文化地理》一书时，曾吃过苦头，因为我的字非但丑陋，而且潦草不堪，菩萨读了也会冒火的。请看在中华书局和我的老关系上，多加包涵。（抗日战争期间，中华书局的《新中华》在重庆复刊，我曾努力为它撰稿，包括那篇一出版就被美国大使馆翻译成英文的《中国之耕地与人口》。）

最后我还必须感谢西安市大书法家宫葆诚先生，他为拙著题了《草原帝国》书名，非常珍贵。这是通过夏鼐的得意学生兼助手、现任陕西省考古研究所所长石兴邦先生的大力协助。

1990年7月25夜于格林纳达

一 拓跋鲜卑的崛起

在中国历史上,少数民族曾多次建立政权,有些且甚为强大。它们皆崛起于北方,也就是草原地带;运用活动性较强的骑兵,击败走向衰落的汉族王朝,或长期和中原传统王朝对抗,不断地犯边或侵扰,掠夺人口和物资。像匈奴、鲜卑、柔然、突厥、契丹、女真和蒙古,皆可称为草原帝国。其中最原始野蛮、兴衰过程曲折、汉化非常彻底,而又最不受人注意和了解的,便是拓跋鲜卑族建立的北魏,或称拓跋魏、后魏或元魏。它从公元396年(东晋孝武帝太元二十一年)道武帝拓跋珪正式称帝到557年西魏恭帝拓跋廓灭亡(南朝的陈霸先在此年建立陈朝,北朝为北周宇文觉元年),持续存在了161年。它的全盛时期,疆域和中国的草原地带(原始植被地带)最相符合,可称为典型的草原帝国。

这个政权从兴起到衰败,曾一再迁都。这一方面代表了游牧民族的本性,但更重要的是基于政治上的需要。关于北魏王朝的迁徙经过,最好引孝文帝拓跋宏(471—499年在位)自己的话来说明。当他决心把国都从平城(今山西省大同市)南迁洛阳,在太和十八年(494)北巡回到平城时,元老重臣如平阳公丕、尚书于果、燕州刺史等皆亟言迁都不妥,孝文帝回答他们说:"朕之远祖,世居北荒。平文皇帝(拓跋郁律)

始都东木根山,昭成皇帝(拓跋什翼犍)更营盛乐,道武皇帝迁于平城;朕幸属胜残之运,而独不得迁乎?"他如此一说,臣下便不敢再反对了。他顺利地把国都迁到了中原的核心。

孝文帝说他的远祖世居北荒,这是很含蓄的隐瞒,其实最初只有一个僻处密林中的简陋山洞。中国古文献所载拓跋鲜卑祖先居住的旧墟石室,一直成谜。现在找到了,在今内蒙古自治区东北大兴安岭北端东麓,寒山丛林中的嘎仙洞;它是一处天然岩洞,位于呼伦贝尔盟(编者注:今内蒙古呼伦贝尔市,下同)鄂伦春自治旗旗治阿里河镇西北10公里,嫩江西岸支流甘河上游东岸(北纬50°38′,东经123°36′),海拔高度520米;附近林海苍茫、峰峦层叠、古木参天、松桦蔽日。

嘎仙洞在一道高达百米、巍然陡立的花岗岩峭壁上,距离平地约25米。洞口西南向,略呈三角形,高12米,宽19米;洞内宽阔,南北长92米,东西宽27—28米;穹顶最高处高达20多米,面积约2000平方米,内可容纳数千人。当地相传为仙人洞府,称为嘎仙洞。1980年的夏天,在洞口内15米处的石壁上,发现有北魏太平真君四年(443)铭刻,内容为北魏第三代皇帝拓跋焘派遣中书侍郎李敞等人到此致祭远祖所刻的祝文。

《魏书·礼志》也曾提到拓跋鲜卑先祖的旧墟石室:"魏先之居幽都也,凿石为祖宗之庙于乌洛侯国(大兴安岭东侧)西北。自后南迁,其地隔远。真君中,乌洛侯国遣使朝献,云石庙如故,民常祈请,有神验焉。其岁,遣中书侍郎李敞诣石室,告祭天地,以皇祖先妣配。"粗野残暴的牧骑首领,总算没有忘本。同书《乌洛侯传》也说:"乌洛侯国,在地豆于之北,去代都四千五百余里。其土下湿，多雾气而寒，民冬则穿地为室，夏则随原阜畜牧，多豕，有谷麦……其国西北有完水（今额尔古纳河），东北流合于难水（今黑龙江）；其地小水皆注于难[1]，东入于海。又西北二十日行有于巳尼大水，所谓北海（今贝加尔湖）也。世祖真君四年来朝，称其国西北有国家先帝旧墟，石室南北九十步，东西四十步，高七十尺。室有神灵，民多祈请。世祖遣中书侍郎李敞告祭焉，刊祝文于室之壁而还。"此处所见的铭文共201字，和史籍记载基本符合而稍详尽，证实为拓跋鲜卑的发祥地，洞内堆积的文化层颇厚，出土有陶器和箭镞之类，对研究拓跋鲜卑族的早期历史很有参考价值。

如此的史文记载，当然很真实。像嘎仙洞这样的天然岩洞，正是原始人类居住的好地方。这一带严冬季节气温可降至零下40度以下，而嘎仙洞内不过零下十七八度，故成为鲜卑族祖先的居处。太武帝拓跋焘把此洞称为"祖宗之庙"，是故意美化

---

[1] 此处需要加以说明。这个"难"字系指嫩江，是难水上源。大兴安岭东坡诸casino小水，如刃水（今阿伦河）、屈利水（今雅鲁河）、啜水（今绰尔河），都是嫩江西岸支流。古人所谓难水，每泛指黑龙江下游、松花江和嫩江；而从西边来汇入松花江的黑龙江干流，则名完水。松花江流域因雨水多、流量大、汇口水势壮观，易被视为主源。嫩江下游水面辽阔，和第二松花江也难分主次。在中国所有河川中，主流和支流最难分别的便是此河。古名难水，妙不可言！《魏书·失韦传》中的捺水、《唐书》中的那河，皆指嫩江。张穆《蒙古游牧记》说嫩江"又名诺尼江，古名难水，亦曰那河，明人谓之脑温江"。蒙古语今称嫩江为"努文木仁"，"努文"即嫩，"木仁"（亦作木伦）即江。事实上，嫩、努文、诺尼、脑温，不过都属一音之转，和难水、那河皆指同一河流。

的说法，其实就是拓跋鲜卑祖先的居处。此处应该注意的，是西伯利亚这个地名，它显然和鲜卑族的分布有关。西伯利亚东南部自远古属于中国。

在说明拓跋鲜卑如何从大兴安岭周边向西南迁移到代北地区之先，必须指出鲜卑族的分布范围甚广，部属复杂，开化程度不同，南迁的先后有别。同属鲜卑族的宇文部和慕容部，他们南迁较早，较早接触了汉文化。史书有关鲜卑族的记载以及他们杰出首领的活动，多属于慕容鲜卑和宇文鲜卑；很少有关拓跋鲜卑，因为他们南迁最迟，文化也最落后，但后来发展甚速，势力又强盛，许多不同或无关的史实都被混淆或误用了。

草原上游牧部族的崛兴，经常是出现了能干英勇的首领，兼并邻近的部族，侵略较佳的草地，使本族有广大的生存空间。草原的生产是不稳定的，如遇灾害性天气，特别是当人口膨胀之后，他们便四出劫掠，使用野蛮残忍的手段，维持本族的生存和壮大。东汉中叶以后，匈奴逐渐衰落，较早南下的鲜卑族，乘机接替了匈奴的地位。当匈奴势盛时，鲜卑只能作为匈奴附庸，跟随匈奴犯边。《资治通鉴》卷四三东汉光武帝建武十七年（41）："匈奴、鲜卑、赤山乌桓数连兵入塞，杀略吏民，诏拜襄贲令祭肜为辽东太守。"同书同卷建武二十一年（45）："乌桓与匈奴、鲜卑连兵为寇，代郡以东尤被乌桓之害；其居止近塞，朝发穹庐，暮至城郭，五郡民庶，家受其辜；至于郡县损坏，百姓流亡，边陲萧条，无复人迹。秋，八月，帝遣马援与谒者分筑堡塞，稍兴立郡县，或空置太守、令、长，招还人民。乌桓居上谷塞外白山者最为强富，援将三千骑击之，无功而还。[马援刚于建武十九年（43）在越南斩征侧、征贰姊妹，二十年（44）秋天从交趾回朝。]鲜卑万余骑寇辽东，太守祭肜率数千人迎击之；自被甲陷阵，虏大奔，投水死者过半，遂穷追出塞；虏急，皆弃兵裸身散走。是后鲜卑震怖，畏肜，不敢复窥塞。"明帝永平元年（58），祭肜又派遣偏何"讨赤山乌桓，大破之，斩其魁帅；塞外震讋；西自武威，东尽玄菟，皆来内附，野无风尘，乃悉罢缘边屯兵"。

这是东汉初年国势强盛时的情况。东汉王朝疆域向东北伸展，远不及西汉广远，主要原因便是少数民族的结集和强大，特别是乌桓和鲜卑。

建武二十四年（48），中国接受南匈奴投降，但北匈奴还颇强盛。北匈奴犯边时，南匈奴帮中国抵御。《资治通鉴》卷四五东汉明帝永平五年（62）："十一月，北匈奴寇五原，十二月，寇云中，南单于击却之。"同书记载永平七年（64）："北匈奴犹盛，数寇边，遣使求合市；上冀其交通，不复为寇，许之。"

此一形势，有利于较早南迁的鲜卑族发展；它的势力在南北匈奴中间，有较好的机会向西扩张。而困处大兴安岭密林中的拓跋鲜卑，仍受到北匈奴的威胁。

鲜卑是东胡族的别支，据说多分布于鲜卑山一带，故称为鲜卑。西汉初年被匈奴冒顿击败，远窜辽东塞外，同乌桓相接，而没有和中国直接交通，到东汉初年才又渐见强盛。有时中国也利用他们打击匈奴,例如在护乌桓校尉管辖下的乌桓及鲜卑,便曾追随汉军出平城塞伐北匈奴。《资治通鉴》卷四五东汉明帝永平十六年(73):"春二月,遣肜与度辽将军吴棠将河东、西河羌、胡及南单于兵一千一百骑出高阙塞,窦固、耿忠率酒泉、敦煌、张掖甲卒及卢水羌、胡万二千骑出酒泉塞,耿秉、秦彭率武威、陇西、天水募士及羌、胡万骑出张掖居延塞,骑都尉来苗、护乌桓校尉文穆将太原、雁门、代郡、上谷、渔阳、右北平、定襄郡兵及乌桓、鲜卑万一千骑出平城塞,伐北匈奴。"当时北匈奴因受到东汉王朝的军事压力,已逐渐向西迁移。

驱逐匈奴的,不光是东汉王朝的军力,乌桓也曾做出贡献。乌桓以热河山地为据点,有时归附中原,有时也侵犯汉边。这是游牧部族的传统特性。

《资治通鉴》卷四三东汉光武帝建武二十二年(46):"乌桓乘匈奴之弱,击破之,匈奴北徙数千里,幕南地空。诏罢诸边郡亭候、吏卒,以币帛招降乌桓。"建武二十五年(49):"是岁,辽西乌桓大人郝旦等率众内属,诏封乌桓渠帅为侯、王、君长者八十一人,使居塞内,布于缘边诸郡,令招来种人,给其衣食,遂为汉侦候,助击匈奴、鲜卑。"能够给予衣食,事情就好办了。

东汉章帝(公元76—88年在位)、和帝(公元89—105年在位)时期,匈奴势力彻底瓦解。不但南北分裂,而且北匈奴内部也大乱。章帝章和元年(87),北匈奴屈兰储等58部,28万人南奔云中、五原、朔方、北地向汉朝投降。鲜卑迅速取代了匈奴的地位。《资治通鉴》卷四七东汉章帝章和元年秋:"鲜卑入左地(匈奴左地),击北匈奴,大破之,斩优留单于而还。"早在4年前,北匈奴已向汉朝投降。同书章帝建初八年(83)夏六月:"北匈奴三木楼訾大人稽留斯等率三万余人款五原塞降。"

和帝永元五年(93),当耿夔击破北匈奴后,鲜卑马上乘机徙据其地。残留下来的匈奴尚有十多万户,皆自称鲜卑,鲜卑的势力因此转盛。过不了几年,强盛了的鲜卑就侵犯汉朝的边境。《资治通鉴》卷四八东汉和帝永元十三年(101)冬:"鲜卑寇右北平,遂入渔阳,渔阳太守击破之。"同书卷四九殇帝延平元年(106):"夏四月,鲜卑寇渔阳,渔阳太守张显率数百人出塞追之……遇虏伏发,士卒悉走,唯授(按指兵马掾严授)力战,身被十创,手杀数人而死。"

《资治通鉴》卷四八东汉和帝元兴元年(105):"北匈奴重遣使诣敦煌贡献,辞以国贫未能备礼,愿请大使,当遣子入侍。"当时北匈奴正向西逃亡,前一年曾遣使到洛阳称臣贡献。至此,匈奴的势力已完全撤离蒙古高原。犯边和劫掠的活动改由鲜卑接替。唯对东汉王朝还不敢太放肆。同书卷四九东汉安帝永初元年(107):"鲜卑大人燕荔阳诣阙朝贺。太后赐燕荔阳王印绶、赤车、参驾,令止乌桓校尉所居宁城下,通胡市,因筑南北两部质馆。鲜卑邑落百二十部各遣入质。"所有此等记载,皆同拓跋鲜卑无关。

这一类的和平总是很短暂的,从安帝元初二年(115)八月起,活动在辽东、辽西,较早南下的鲜卑族就不断侵扰汉朝边疆，有时且勾结高丽共同入寇。在《魏书》和《资治通鉴》中，可以看见如下的许多记载：

> 八月，辽东鲜卑围无虑（医无闾、医巫闾）。九月，又攻夫犁营，杀县令。
>
> 元初四年（117），辽西鲜卑连休等入寇，郡兵与乌桓大人于秩居等共击，大破之，斩首千三百级。
>
> 五年（118），代郡鲜卑入寇，杀长吏；发缘边甲卒、黎阳营兵屯上谷以备之。冬十月，鲜卑寇上谷，攻居庸关。复发缘边诸郡黎阳营兵、积射士步骑二万人，屯列冲要。
>
> 六年（119）秋七月，鲜卑寇马城塞，杀长史，度辽将军邓遵及中郎将马续率南单于追击，大破之。
>
> 建光元年（121）夏四月，高句丽复与鲜卑入寇辽东。秋八月，鲜卑其至犍寇居庸关。九月，云中太守成严击之，兵败，功曹杨穆以身扞严，与之俱殁。鲜卑于是围乌桓校尉徐常于马城。度辽将军耿夔与幽州刺史庞参发广阳、渔阳、涿郡甲卒救之，鲜卑解去。鲜卑既累杀郡守，胆气转盛，控弦数万骑。
>
> 延光元年（122）冬十月，复寇雁门、定襄，十一月，遂攻太原，掠杀百姓。

顺帝永建元年（126）秋八月，鲜卑又寇代郡，太守李超战殁。朔方以西，障塞多坏；鲜卑因此数度侵略早已降汉的南匈奴，单于忧恐，上书东汉朝廷修复障塞。这表明在东汉中期，鲜卑的势力已颇强盛。但所有此等活动，皆为较早南迁，盘踞热河山地，受汉文化影响较深的南鲜卑所为。拓跋鲜卑此时大致刚刚脱离密林地带，向西南迁移到呼伦贝尔草原[1]。

在东汉末年，鲜卑曾相继出现两位能干的首领，檀石槐和轲比能。他们利用中原天下三分的混战局面和匈奴的衰微，征服了许多游牧部落，相继组成强大的军政联盟。东起辽河流域，西接伊犁河谷，东西12000里，南北7000里，塞外匈奴旧地，全被鲜卑族占领，并且连年侵扰中国北部的边疆。唯史书对于这两位杰出的鲜卑首领，缺乏可靠记载。大致自檀石槐以后，鲜卑族的首领便开始世袭，各部大人的职位不再推选。据说轲比能利用中国降民，制造出兵器甲盾，并学习文字及兵法。从曹魏到西晋之间，有一个颇长的时期，绝少关于此二人的报道；他们本身没有文字，当然不会有记载遗留下来。

桓帝（公元147—167年在位）之际，檀石槐登上政治舞台。他勇敢善战，控制的地区甚广。《后汉书》说他"兵马甚盛，东

---

[1] 呼伦贝尔草原东起大兴安岭，西接额尔古纳河，北自根河，南以贝尔湖及哈拉哈河同外蒙古分界，海拔600—750米，包括海拉尔市（编者注：今海拉尔区）、满洲里市、新巴尔虎左旗、新巴尔虎右旗、鄂温克族自治旗、陈巴尔虎旗以及额尔古纳右旗（编者注：今额尔古纳市）、喜桂图旗（编者注：今牙克石）的一部分。气候冬季酷寒，夏季干热。土壤以栗钙土为主，在低洼处及湖泊周边有盐碱土，在河流湖泊沿岸覆盖大片风积沙，形成固定和半固定的沙丘。沙丘有逐渐扩大的趋势。平均年降水量仅约300毫米，年平均气温在零下2摄氏度以下，地下有永冻层，无霜期为120至130天。植被主要为短草，樟子松是主要乔木。古代的呼伦贝尔草原，水热条件较目前为佳，现在属于干旱草原，甚或可划归半荒漠地区。

西部大人皆归焉。因南抄缘边，北拒丁零，东却夫余，西击乌孙，尽据匈奴故地，东西万四千余里，南北七千余里，网罗山川、水泽、盐池甚广。永寿二年（156）秋，檀石槐遂将三四千骑寇云中。延熹元年（158），鲜卑寇北边……朝廷积患之，而不能制，遂遣使持印绶封檀石槐为王，欲与和亲。檀石槐不肯受，而寇抄滋甚。乃自分其地为三部，从右北平以东至辽东，接夫余、濊貊二十余邑为东部，从右北平以西至上谷十余邑为中部，从上谷以西至敦煌、乌孙二十余邑为西部。各置大人主领之，皆属檀石槐"。东汉王朝使出了"封王和亲"的制夷法宝，可见局势颇为严重，而檀石槐不接受这一套，表现出真正英雄的气魄。

同书指出灵帝（公元168—189年在位）时，"幽、并、凉三州缘边诸郡，无岁不被鲜卑寇抄，杀略不可胜数。熹平三年（174）冬，鲜卑入北地"。于是朝廷讨论和战。蔡邕说"自匈奴遁逃，鲜卑强盛，据其故地，称兵十万，才力劲健，意智益生……汉人逋逃，为之谋主，兵利马疾，过于匈奴"。意思是不能动武，但灵帝不听，派遣夏育出高柳，田晏出云中，臧旻出雁门，各将万骑，三道出塞二千余里，结果被鲜卑打得大败。"丧其节传辎重，各将数十骑奔还，死者十七八。三将槛车征下狱，赎为庶人。"这一年是熹平六年（177）。第二年是光和元年（178），鲜卑又寇酒泉，表示它的势力已进入河西走廊，使东汉帝国整个北部边疆受到威胁。光和四年（181）檀石槐死，仅45岁，中国北边才略见安靖。

《三国志》卷三〇《魏书·乌丸鲜卑东夷传》：

轲比能本小种鲜卑，以勇健断法平端，不贪财物，众推以为大人。部落近塞，自袁绍据河北，中国人多亡叛归之，教作兵器铠楯，颇学文字。故其勒御部众，拟则中国，出入戈猎，建立旌麾，以鼓节为进退。建安中，因阎柔（乌丸校尉）上贡献。太祖（曹操）西征关中，田银反河间，比能将三千余骑随柔击破银。后代郡乌丸反，比能复助为寇害，太祖以鄢陵侯彰为骁骑将军，北征，大破之。比能走出塞，后复通贡献。延康初（220），比能遣使献马，文帝（曹丕）亦立比能为附义王。黄初二年（221），比能出诸魏人在鲜卑者五百余家，还居代郡。明年，比能帅部落大人小子代郡乌丸修武卢等三千余骑，驱牛马七万余口交市，遣魏人千余家居上谷。后与东部鲜卑大人素利及步度根三部争斗，更相攻击。[1]

慕容鲜卑南迁最早，抢先占据辽河上游的最好草场；他们最先和汉文化接触，学会了比较先进的生产技术，进入中原也较早。他们首先在辽河流域建立燕国，然后扩充势力到了华北，建立前燕和后燕，占领华北五六十年。拓跋鲜卑南迁最迟，对汉文化的接受最慢，较长久地保持着游牧生活方式，他们比匈

---

[1]《三国志·魏书·明帝纪》："太和五年（231）夏四月，鲜卑附义王轲比能率其种人及丁零大人儿禅诣幽州贡名马。复置护匈奴中郎将。"同书《文帝纪》曾说黄初六年（225）三月，"并州刺史梁习讨鲜卑轲比能，大破之"。

奴、羯、羌、氐还落后；但后来居上，凭借残酷的屠杀和贪婪的劫掠，不断培养自己的力量，逐个击败大小割据者。在南朝宋文帝年间，他们统一了黄河流域，结束了十六国混乱的局面。本书所讨论的，限于拓跋鲜卑。

拓跋鲜卑的向南迁移，是整个部族的共同愿望，他们对于较早南迁鲜卑族生活的改善，必有所闻。故当北匈奴的威胁解除，他们便走出大兴安岭的岩洞向南迁移了。但在什么时候脱离密林地带，迁移到水草丰茂的呼伦贝尔草原，搬迁时又采取哪条路线？史书皆无明文记载。

当时率领拓跋鲜卑向西南迁移到呼伦贝尔草原的首领，名叫推寅诘汾（推寅是尊称）。他便是《魏书》所称的宣皇帝。这支分布位置最北、文化最落后的拓跋鲜卑，人数很少，现在迁入了水草丰茂的牧地，人口和牲畜都得到了较快的发展。这对日后势力的扩张很重要。《魏书·帝纪·序纪》说"南近大泽，方千余里"。这个大泽，无疑是指呼伦湖。又说"厥土昏冥沮洳"，也就是指附近的大片沼泽。现在呼伦贝尔盟陈巴尔虎旗完工和新巴尔虎右旗扎赍诺尔所发现的墓葬群，大概便是拓跋族祖先推寅诘汾南迁大泽先后的遗址。当时他们过的是"畜牧迁徙，射猎为业"的游牧狩猎生活，确实艰苦。

完工这地方在呼伦湖以东，其墓葬还保存着家族丛葬的古老制度，也还有埋殉完整马匹的风俗；他们采用竖圹，圹底置不去皮的桦木板大棺。随葬工具和用具主要为骨器，另有少数手制陶器和铜器，以及银碗和珠蚌饰。1963年发掘的一座丛葬（多人葬）墓，内部分为上下两层；竖圹内填土，铺桦皮底板，墓内有一个显著的主体，亦即置于下层墓底北部的一具仰身直肢的骨架；骨架左侧置有石镞、骨镞，右侧排列陶器，头部附近还有一件甚为别致的牛角状器，可能是作发号施令的号角用的。此项特殊的安置，反映出老人的家族长老地位。在此一墓葬中，还出土了汉族特有的漆器残片，说明他们文化已受到汉人的影响。

汉文化伸入东北地区，特别是草原地带，远较一般史家所想象的为早；限制它做全面快速推进的，是茂密的森林和连片的沼泽。

扎赉诺尔在呼伦湖之北，所发现的古墓葬东距完工约40公里。从葬俗到随葬品，不但可以看出它们属于同一文化，并且还能够看到彼此的先后关系。扎赉诺尔比较普遍的单人葬，取代了完工的多人葬。扎赉诺尔墓葬出土的桦木棺，制作比较进步；不再是简陋的围铺桦板，而是既做出框架，又造成前宽后窄的棺式。随葬的东西，整体殉牲不见了；除了用头之外，还盛行使用蹄子这种更简化的象征办法。陶器种类增加，发现了精致的轮制陶器；一些夹砂大口陶罐中，还残存着腐烂的谷物之壳。铜器的种类也增加了，出现作为炊器的高足铜鍑。但更重要的是铁器的复杂化，多种形制的镞、环首刀、矛和马衔，都是完工时期所不见或罕见的。似乎这个落后的部族，迁移到扎赉诺尔以后，游猎的手段和畜牧经济才有较快的进步，而同时侵略性也加强了。这是稍后迅速向南继续扩充的张本。

关于夹砂大口陶罐发现谷物的壳，夏鼐教授曾经问起过：这些谷物是抢劫来的还是他们自己种植的？我说两种可能性都存在。中国北方，特别是东北地区的少数民族，为了补充粮食，很多兼事耕作。主要是因为夏季的中国，除了青藏高原，到处气温很高；盛夏之际，塞北的气温和岭南相差无几。呼伦贝尔一带，只要有适当降水，便可从事旱农（dry farming），生产杂粮。如其已有汉人居住，那就成为势所必然了。

男女两性的墓葬形制和随葬品，没有明显的差异，女性坟墓同样随葬环首铁刀、骨镞、铁镞、弓弭和马衔，表明她们尚和男性同样进行牧猎，也就是说女性还没有脱离主要生产，在社会上尚拥有颇高地位。扎赉诺尔墓葬的安排，男女合葬墓和母子合葬墓，皆被围绕在较多单身男人墓的中间，此可视为母权制的一种残留。当时拓跋鲜卑部的母权还比较高。

从大兴安岭的森林区走向呼伦贝尔草原，拓跋鲜卑的视野拓展了，同时和邻近比较先进的文化的接触机会也随之增加。愈向西南迁移，所受的汉族影响愈大。扎赉诺尔墓葬所出土的轮制双耳陶罐和角器上刻画的龙形纹饰，显然是受到了汉文化的影响。更值得注意的，是发现了规矩镜、如意锦片和木胎漆器，这些都是典型的中原地区输入品，有比较明确的年代可寻；可以肯定扎赉诺尔墓葬的年代不会早于公元1世纪，也就是东汉盛期。这同上引《后汉书》所述的时间基本符合。

这个时候北匈奴虽也已臣服于东汉，但比起拓跋鲜卑来，实力仍较为强大；拓跋鲜卑的迁移，尚须避开匈奴的老家。匈奴文化对拓跋鲜卑的影响，甚为突出：双耳铜鍑和各种动物形象的铜饰，多具有明显的匈奴器物的风格；较多的铁器，其原料虽可能来自汉族地区，但其所制成的马具及武器，形制却和匈奴的同类器物相似。公元1世纪末期，匈奴统治集团分裂，部分匈奴族人向东北地区逃亡，和正在向西南迁移的拓跋鲜卑族混合，加强了拓跋部的声势。在中国历史上，他们继承扮演匈奴的角色；不断地侵边和劫掠，五胡入华也有他们的份。

蒙古高原内部气候干旱，水草不佳；其东南边缘，受到东南季风惠泽，才是最理想的牧地。于是拓跋鲜卑从呼伦贝尔继续南迁时，首先折向东南，到达辽河上源，也便是大兴安岭南段东侧地区。可能因其地已属较早南下的鲜卑别部，知难而退，也可能想侵占而被击败，故折向西南，到达了河套东部的土默川，也就是现在的大黑河和浑河流域。此处有黄河中游北岸最丰美的牧场，亦即《敕勒歌》所赞美"风吹草低见牛羊"的草原。后来拓跋鲜卑就以此为核心而建国。近年考古工作者，已在赤峰市（原为昭乌达盟，1983年被撤销，改设为辖境甚大的赤峰市）的巴林左旗旗治林东镇之北、辽河上源支流乌尔吉木伦河岸发现了和扎赉诺尔极为相似的遗址，证明他们是按照我所说的路线而迁移。

草原的担养力（carrying capacity）有一定限度[1]。当人口和牲畜大量增加，就必须拓展生存空间，侵略或兼并邻近较弱小的部落。游牧者的残忍好战和不断斗争，此为基本原因。如遇严重天灾，他们就运用牧骑快速的特点，侵犯中原王朝的北边。患红眼症的贪残者，当他们接近汉人地区，经常在己方马肥、彼方农作物收成时进行劫掠。中国史书上充满着这一类记载。

---

[1] 国内有关学界称之为载畜力或载畜量，这不妥当。因为这称呼未能包括牧人，而牧人才是草原的主宰。

二　力微率众进入土默川

因为拓跋鲜卑本身没有文字,而早期史实的汉文记载又少且零散,故学者对其发展真相,从来不能明了;关于他们的发源地,更是众说纷纭。由他们自己主持使用汉文记录历史,在时间上已经很晚。拓跋鲜卑有系统的历史纪事,迟至5世纪才开始,并且此等汉文记载,因为多所忌讳,也不够翔实。由于他们的祖先很野蛮,生活原始不堪,而后来发展得太快,所有不光彩的部分,尽量被隐瞒;太武帝宠臣崔浩被杀,一个原因便是在所编《国记》中揭露了皇家的底子。但近年的考古发掘,终于找到了拓跋鲜卑迁移的若干线索,特别是从黑龙江上游的额尔古纳河畔到内蒙古自治区河套东部的拓跋鲜卑遗迹。

《魏书》卷一《序纪》:"其后,世为君长,统幽都之北,广漠之野,畜牧迁徙,射猎为业,淳朴为俗,简易为化;不为文字,刻木纪契而已。"接着又说:"宣皇帝讳推寅立,南迁大泽,方千余里。厥土昏冥沮洳。谋更南徙,未行而崩。"这说明是他们的"宣帝"推寅,把部族从大兴安岭闭塞的森林迁移到广阔无垠的呼伦贝尔草原,使他们得到较好较快的发展。他们在呼伦贝尔草原整编生息,时间颇为长久。然后有"神人言于国曰:此土荒遐,未足以建都邑,宜复徙居"。这意味着他们当时活动的地区,距离政治和文化重心所在的中原仍太遥远,必须再向南迁移。他们虽未必知道愈向南去水热条件愈好,但必定晓得中原文化的进步。于是再向南迁移到辽河上源的草地。这里的地理条件好多了,同汉人分布地区也较接近。后来的契丹便崛兴于这一带的草原。

此处在南杨家营子以东的山岗南坡,发现了鲜卑墓葬,实际是包括了居住址和墓葬:居住址在坡上,墓葬在坡下。居住址出土了被用过的马骨、牛骨和鸟类的骨骼,手制的夹砂陶壶、陶罐以及轮制的泥质灰陶小罐。同样的陶器也发现于墓葬之中。

墓葬采用竖圹,尸体头向西北,仰身直肢,皆和上述的扎赉诺尔墓葬相同。部分墓葬存在着木棺痕迹,木棺使用了铁钉;殉牲有马头、羊头、狗头和马蹄等,也和扎赉诺尔相同,只是数量减少了。随葬陶器仍以手制的壶及罐类为主,常见的大口陶罐和小陶杯与扎赉诺尔墓葬极为相似。陶器上部用指甲压捺的点纹,此处改用工具做出,其纹饰也略见复杂。骨器种类减少了,所见多为箭镞和弓弭,但镞和弭的制作技术,明显地有所改进,要比扎赉诺尔的精致。此处出现了骨制的纺轮,铜制器物仍然多数为装饰品,并出土了一枚东汉中晚期的五铢钱。铁器使用的范围扩大了,除了马具及武器外,还出现了类似铲斧形式的铁工具。从总的数量上比较,南杨家营子墓群的随葬品不若扎赉诺尔丰富,这是因为他们停留时间较短;但从它们的制作技巧(如陶器、骨器)和新的器具(如骨纺轮、铁工具)观察,可知拓跋鲜卑此一时期的经济生活,已比扎赉诺尔墓葬时期又有了进展。

到此一时期,妇女的社会地位也起了改变。箭镞仅见于男人墓葬,铜饰、方形珠饰和铁工具则只见于女人墓中,这表明她们已不再从事狩猎的经济生产,其社会地位已随之下降。墓葬中女人用棺的只占五分之一,而男人墓用棺的则占五分之三,女人墓的殉牲仅限于羊腿,男人墓则可见羊股、羊肩乃至羊头、马头。南杨家营子的墓葬,小孩附葬于男人墓,不再是母子合葬,这说明了母权和父权的消长。想来此等改变,也和与汉文化的较多接触有关。汉人的入居此一地区,远较一般史家想象得为早。

力微是拓跋鲜卑历史上第一个有稍多记载的人,但仍充满着神秘性。可以肯定的一点是他寿命很长,在位甚久。《魏书·序纪》托言天女所生的始祖神元皇帝力微"生而英睿","有雄杰之度"。他是继续率领该部族向西南迁移的首领,把逐渐强大的牧骑带到蒙古高原的南部,特别是进入了土默川。这时候三国分裂,中原鼎沸,边防空虚,力微顺利地乘虚而入。他的此一行动,对日后草原帝国的建立贡献甚巨。

《魏书》说力微在较早时曾脱离另一较强的部族窦宾而独立,可见他的崛起也是曲折的。同书记载:"宾犹思报恩,固问所欲。始祖请率所部北居长川,宾乃敬从。积十数岁,德化大洽,诸旧部民,咸来归附。二十九年(248),宾临终,戒其二子使谨奉始祖。其子不从,乃阴谋为逆。始祖召杀之,尽并其众;诸部大人,悉皆款服,控弦上马二十余万。三十九年(258),迁于定襄之盛乐(这一年中原曹魏拔寿春城,准备全力伐吴,内战正打得起劲)。夏四月,祭天,诸部君长皆来助祭,唯白部大人观望不至,于是征而戮之,远近肃然,莫不震慑。"

如果《魏书》记载属实,数达20多万的骑兵是很大的一股力量。游牧部族的分布富于扩散性,骑兵的行动迅速,各个部族都希望占有最佳的草原。若干史书说力微的势力侵入鄂尔多斯高原,这是可信的,因为鄂尔多斯不光是好草原,而且战略地位很重要。稍后赫连勃勃的称霸一方,也是以鄂尔多斯为活动基地。

现在拓跋鲜卑已进展到了黄河流域,更接近中原。不过这个时候,华北乃曹魏天下,声势颇强,较早时曹操还亲征过乌桓。力微有鉴于此,体会到"抄掠边民,虽有所得,而其死伤不足相补"。于是决心同曹魏和亲。他在位的第四十二年,也便是魏元帝曹奂景元二年(261),派遣长子到洛阳,一方面是入质,一方面也探听观察。此人被称为沙漠汗,以太子的身份留在洛阳,成为曹魏朝廷的主要宾客之一。不久司马炎篡魏,建立了西晋王朝。

晋武帝泰始三年(267),此一鲜卑太子被放归,但咸宁元年(275)又来洛阳。《晋书》卷三《武帝纪》有咸宁元年"六月,鲜卑力微遣子来献"的记载。此人大概酷爱汉文化,有点像后来要拓跋魏全盘汉化的孝文帝。《魏书》说他"在晋之日,朝士英俊多与亲善"。就因为汉化太深而终于遭其族人所忌,诸部大人便以"太子风彩被服,同于南夏;兼奇术绝世(指他用弹击落飞鸟),若继国统,变易旧俗,吾等必不得志;不若在国诸子,习本淳朴",离间他们父子,结果在咸宁三年(277)回国途中遇害。同年"始祖"力微也死了,据说活了104岁,也有说是100岁。唯该年正月，《晋书》有"使征北大将军卫瓘讨鲜卑力微"之句，料想双方的关系已经恶化。恶化的直接原因无疑是鲜卑犯边。

《资治通鉴》卷八〇晋武帝咸宁元年："夏六月，鲜卑拓跋力微复遣其子沙漠汗入贡。将还，幽州刺史卫瓘表请留之，又密以金赂其诸部大人离间之。"同书同卷咸宁三年："卫瓘遣拓跋沙漠汗归国。自沙漠汗入质，力微可汗诸子在侧者多有宠。及沙漠汗归，诸部大人共谮而杀之……力微以忧卒，时年一百。四子悉禄立，其国遂衰。初，幽并二州皆与鲜卑接，东有乌桓，西有力微，多为边患。卫瓘密以计间之，乌桓降而力微死。"这里说西有力微，表明拓跋鲜卑的实力中心已转移到了河套东部，和上述"三十九年，迁于定襄之盛乐"是符合的。

西汉时代，中国人早已在土默特地区设置郡县；盛乐县在西汉属定襄郡，东汉属云中郡。汉族移民从事农垦，并可能已引大黑河水灌溉。

拓跋鲜卑在辽河上源地区居留的时期不长，这和该处遗迹不多的情况相符合。当时他们活动的中心在东木根山一带。不久便趁东汉王朝的衰微退缩，迅速插足土默川地区。所以《魏书·序纪》又说"历年乃出，始居匈奴之故地"。此处所谓匈奴故地，系漠南匈奴始祖头曼、冒顿发迹之所，也正是今天内蒙古自治区南部河套以东一带。

在内蒙古乌兰察布盟（编者注：今乌兰察布市，下同）的中部，曾发现两处规模较大的拓跋族墓葬：一处位于集宁市（编者注：今集宁区）以北的二兰虎沟，东距北魏时期的长川城不远；另一处在达尔罕茂明安联合旗旗治（百灵庙）的东北方。这两处墓葬的墓式、骨架、头向，和前述完工、扎赉诺尔、南杨家营子的墓葬相同，随葬器物也多相似，甚至相同。颇可视为拓跋鲜卑从辽河上源地区西迁，进入内蒙古中南部草原的初期遗迹。所出土的剪轮五铢钱，表明它们的时代已到了东汉晚期。建安二十年（215）曹操的省并云中、定襄、五原、朔方等四郡，正好给拓跋鲜卑迅速向西南扩张提供了方便。

三　猗卢与什翼犍

如果只想占据漠南草原,取代匈奴的地位为满足,拓跋力微进入土默川,以盛乐为基地而建国,他的方向是很正确的。事实上,他当初的力量,还没有资格问鼎中原。但到他的孙子猗卢时,中国的形势大变:五胡入华;中原传统王朝瓦解。若欲南下山西高原逐鹿,则盛乐就不免太僻远了。平城的位置价值超越盛乐。

继承力微可汗位的悉禄,《魏书》作悉鹿,在公元294年便死了,也可能被杀掉,改由其叔禄官继立。禄官认为此位应属于其长兄沙漠汗,也可能是受到压力,于是把境土划分成三部:自己领一部,而让沙漠汗的两个儿子猗㐌、猗卢分领两部。《资治通鉴》卷八二晋惠帝元康五年(295):"拓跋禄官分其国为三部:一居上谷之北,濡源之西,自统之;一居代郡参合陂之北,使兄沙漠汗之子猗㐌统之;一居定襄之盛乐故城,使猗㐌弟猗卢统之。猗卢善用兵,西击匈奴、乌桓诸部,皆破之。代人卫操与从子雄及同郡箕澹,往依拓跋氏;说猗㐌、猗卢招纳晋人,猗㐌悦之,任以国事,晋人附者稍众。"这时晋室正遭逢拖延甚久的八王之乱。

《魏书》说其国"自始祖以来,与晋和好,百姓乂安,财畜富实,控弦骑士四十余万(比始祖力微时增加了一倍)。是岁

(295)穆帝（猗卢）始出并州，迁杂胡北徙云中、五原、朔方。又西渡河击匈奴、乌桓诸部。自杏城以北八十里，迄长城原，夹道立碣，与晋分界"。沙漠汗的两个儿子既分别统制全国三部中的两部，于是第二年就改葬其父文皇帝及其皇后。当时晋朝的成都王、河间王以及并州刺史等，皆派遣代表来会葬，远近赴者20万人。这一则表示猗卢兄弟势力的强盛，二则表示西晋王朝的残余势力，尚赖拓跋鲜卑的支持。

猗㐌改葬了其父之后，公元297年便渡漠北巡，又转而西讨，经过5年时间，降伏了20多个部落，草原帝国的疆域又进一步扩张。同时东部的势力也跨进了辽东。

晋惠帝永兴元年（304），"匈奴别种刘渊反于离石，自号汉王"。这是五胡十六国中最早建立的政权。晋并州刺史司马腾向拓跋氏求助，猗㐌率领10余万骑，在西河、上党一带击败刘渊，胜利后和司马腾"盟于汾东而还，乃使辅相卫雄、段繁，于参合陂西垒石为亭，树碑以记行焉"。翌年，刘渊又攻司马腾，司马腾再向拓跋氏乞师，猗㐌又派轻骑数千救助，把刘渊向南赶到了蒲子（当时汾州治所，即今山西省隰县）。于是晋王朝封猗㐌为大单于，赐金印紫绶[1]。公元305年猗㐌死，307年

---

[1] 近年在呼和浩特市东南凉城小坝子滩，发现了一批"君代郡之参合陂北"的猗㐌部遗物，包括兽纹金饰牌、镶嵌宝石的兽形金饰、饰以兽首的金指环、金耳坠和驼纽"晋乌丸归义侯"金印、驼纽"晋鲜卑归义侯"金印，以及驼纽"晋鲜卑率善中郎将"银印。其中一件兽纹金饰牌的背面，刻有"猗㐌金"三字，猗㐌即猗㐌，明确了这批遗物之所属，也证明了史文记载的可靠。

禄官亦死。308年三部统归猗卢，至此拓跋鲜卑复告统一，而且国势蒸蒸日上。

刘琨继任并州刺史，仍须依靠拓跋鲜卑才能立足。《资治通鉴》卷八七怀帝永嘉四年（310）："刘琨自将讨刘虎及白部，遣使卑辞厚礼说鲜卑拓跋猗卢以请兵。猗卢使其弟弗之子郁律帅骑二万助之，遂破刘虎、白部，屠其营。琨与猗卢结为兄弟。表猗卢为大单于，以代郡封之为代公……猗卢以封邑去国悬远，民不相接，乃帅部落万余家自云中入雁门，从琨求陉北之地。琨不能制，且欲倚之为援，乃徙楼烦、马邑、阴馆、繁畤、崞五县民于陉南，以其地与猗卢。"这5个县都在桑干河上游流域，位置很重要。于是代北和漠南打成了一片。猗卢非但拥有强大兵力，并且颇能玩弄政治手腕。

永嘉五年（311）六月，西晋都城洛阳为刘曜所陷，皇帝被俘送到平阳；同年八月，刘聪的儿子刘粲又攻陷长安。十一月拓跋猗卢寇太原，平北将军刘琨无力抵御，只好将居民向南撤退，另立城邑。边地居民的生活很不安全。《魏书》说刘琨"尽献其地，东接代郡，西连西河、朔方，方数百里。帝（指猗卢）乃徙十万家以充之"。永嘉六年（312）正月刘聪寇太原，七月刘粲寇晋阳，刘琨向东逃奔常山，再求救于猗卢。

山西高原是蒙古通往中原的捷径，历来胡骑南下皆采取此一路线。拓跋鲜卑对此很重视。因此有时入寇，抢掠民人财物；有时也帮助晋王朝打击其他胡人，为其子孙争夺中原而铺路。较早时刘琨向他乞师救太原、洛阳，皆曾挥兵而下。等到刘粲击晋阳，杀害刘琨父母而据其城，刘琨告难，猗卢除了派遣子倕做先锋，又亲自率大军长驱直入把刘粲赶跑。足见他经营代北有成，实力已很雄厚了。

军事形势培养了他的政治野心，他已不再以漠南和代北的草原为满足，开始对中原转念头。公元313年，西晋末代皇帝愍帝司马邺建兴元年，《魏书》记载穆皇帝猗卢"城盛乐以为北都，修故平城以为南都。帝登平城西山，观望地势，乃更南百里，于㶟水（今桑干河）之阳黄瓜堆筑新平城；晋人谓之小平城，使长子六修镇之，统领南部"。此时拓跋鲜卑的势力逐步向南伸展，已甚明显。当猗卢在公元317年听到晋愍帝被刘聪所弑，就曾"顾谓大臣曰：今中原无主，天其资我乎？"他的野心已暴露无遗。同年晋王司马睿在江南继帝位，这便是东晋。

《资治通鉴》卷八九晋愍帝建兴三年（315）："诏进拓跋猗卢爵为代王，置官属，食代、常山二郡。"其后拓跋氏建国曰代，即因猗卢曾封代王之故。同时猗卢为沙漠汗之子，而沙漠汗长期在曹魏和西晋做质子，朝廷对其甚为优待；做父亲的向往汉文化，对儿子多少有点影响。同书记载："猗卢请并州从事雁门莫含（楚莫敖之后）于刘琨，琨遣之，含不欲行，琨曰：以并州单弱，吾之不材而能自存于胡羯之间者，代王之力也。吾倾身竭赀，以长子为质而奉之者，庶几为朝廷雪大耻也。卿欲为忠臣，奈何惜共事之小诚而忘徇国之大节乎？往事代王，为之腹心，乃一州之所赖也。含遂行。猗卢甚重之，常与参大计。"这说明拓跋鲜卑武力虽强，但政治上仍须顾问汉人。

猗卢此人，用法甚严。"国人犯法者，或举部就诛，老幼相携而行；人问：'何之？'曰：'往就死。'无一人敢逃匿者。"

但此人晚年，大概也老糊涂了；处事不讲情理，结果被长子六修所弑。

《资治通鉴》卷八九晋愍帝建兴四年（316）："初，代王猗卢爱其少子比延，欲以为嗣，使长子六修出居新平城，而黜其母。六修有骏马，日行五百里，猗卢夺之，以与比延。六修来朝，猗卢使拜比延，六修不从。猗卢乃坐比延于其步辇，使人导从出游。六修望见，以为猗卢，伏谒路左；至，乃比延，六修惭怒而去。猗卢召之不至，大怒，帅众讨之，为六修所败。猗卢微服逃民间，有贱妇人识之，遂为六修所弑。拓跋普根先守外境，闻难来赴，攻六修，灭之。普根代立，国中大乱，新旧猜嫌，迭相诛灭。"每一个强人的死亡，总不免引起继位的纠纷，相互残杀，使国力的发展成为波浪式的起伏。

同年夏四月，拓跋普根便死去，而其子刚刚出生，普根的母亲惟氏（拓跋猗㐌之妻）就立此婴孩为王。不久普根之子又死。国人（同起北荒的拓跋族人）共立其从父拓跋郁律。这个郁律很能干，也就是所谓的平文皇帝，他在公元318年击败刘虎后西取乌孙故地，东边兼勿吉以西，士马精强，雄于北方。于是招致惟氏的顾忌，恐怕对其子不利，乃杀郁律而立其子贺傉，各部大人在此内争中死了数十人。此后有一个时期，惟氏专制执政，成为拓跋鲜卑政权的第一位女统治者。

公元325年，代王拓跋贺傉卒，由其弟拓跋纥那继立。公元327年，后赵中山公石虎击代王纥那，战于句注陉北；纥那兵败，徙都大宁以避。大宁就是今日的张家口市。

在拓跋猗卢之前，他们尚处于原始社会末期，没有法律和监狱之类，族内成员发生纠争时，通常由部落联盟的首领和四部大人共同商议处理。国王和臣属、官吏和人民的关系，并无严格的制度区别尊卑主从。做国王的，对各部大人不能行使绝对的权力；各部大人依惯例要同掌政权，也不能容忍国王一人专断。猗卢是拓跋鲜卑第一个被封王的人，因得到汉人的辅助，已蜕变为封建专制的国王。但他还想提高国王的地位和权力，用极残酷的刑罚压服部属，违犯了他的军令，整个部族要被处死，先后杀了一万多人。于是人心惶惶，部属也惊骇思乱。他的儿子敢弑逆，部分原因是顺应此项形势。

这个时候，代王拓跋郁律之子拓跋翳槐匿居其舅父贺兰部，拓跋纥那知道了，派人去要，遭到贺兰部大人蔼头拒绝；纥那联合宇文部共击蔼头，也没有得手。公元329年，贺兰部及诸大人共立拓跋翳槐为代王，纥那逃奔宇文部。此时羯人石勒所建的后赵强盛，建都襄国（今河北省邢台市）。拓跋翳槐遣其弟什翼犍入质求和。公元335年，代王翳槐认为贺兰部大人蔼头不恭，想召而戮杀，人人不满，诸部皆叛。于是拓跋纥那从宇文部回国，又被拥立为代王。翳槐出奔到了邺城，受到赵国的接纳。公元337年后赵将李穆容纳拓跋翳槐于大宁，翳槐的旧部多来归附，代王纥那东奔于燕，国人又奉翳槐为代王，筑盛乐城以居。

直到这个时候，拓跋鲜卑并未正式建都，仅视形势需要选择活动中心。力微经营漠南，以盛乐为其基地。猗卢窥伺中原，故把活动基地迁移到了平城。当有更强大敌国存在时，采用这种不固定都城的办法倒是聪明。后来前燕攻陷平城，拓跋部便退回盛乐；前秦苻坚攻下平城、盛乐，把代国灭掉，拓跋部就向更北逃入阴山。故当339年拓跋什翼犍会诸部大人于参合陂，讨论在灅源川建都时，他的母亲王氏便说："吾自先世以来，以迁徙为业。今国家多难，若城郭而居，一旦寇来，无所避之。"于是什翼犍暂时打消了主意。

代王拓跋翳槐于338年病笃，命诸大人立什翼犍为代王，不久便死了。但当时什翼犍在后赵做人质，不知能否回国；即使能回来也稽延时日，诸大人梁盖等便谋更立。翳槐的次弟拓跋屈，刚猛多诈，品格不及其弟拓跋孤仁厚，于是相与杀屈而立孤。但孤不同意，自己跑到赵国迎什翼犍，请代兄留为人质。赵王石虎受到感动，把兄弟两人都遣送回国。同年十一月，什翼犍在繁畤北即代王位，改元曰建国；把国土的一半分给弟弟拓跋孤。如此的美举，在少数民族政权中实属罕见。

控制华北绝大部分的后赵，严重地威胁着代国。故什翼犍即代王位后，又将活动中心从平城向北迁移盛乐。公元340年，什翼犍定都云中的盛乐宫，翌年九月，便在盛乐故城以南8里处筑盛乐城。换言之，拓跋什翼犍所筑的盛乐城，系在西汉成乐城以南4公里。《魏土地记》："云中宫在云中故城东四十里，魏之盛乐，即汉之成乐县也。"

盛乐附近的土默川，秦汉时代便有中国人垦殖，至此农业在拓跋鲜卑经济中所占的地位，逐渐重要。公元367年，慕容部所建前燕国士兵经过盛乐附近，损坏了高粱田，什翼犍大怒，派军队击前燕兵，足见他对农作物的重视。

四　道武帝拓跋珪的登场

拓跋珪是拓跋鲜卑第一个真正的皇帝，死后谥号太祖道武帝。他的登上政治舞台，使草原帝国的发展进入另一阶段。但他也备尝险阻艰辛，才完成卓越的事业。

他是拓跋什翼犍的孙子，诞生于什翼犍建国三十四年（371），他的父亲是什翼犍的嫡长子寔。当代国叛将长孙斤谋弑什翼犍时，"世子寔格之，伤胁；遂执斤，杀之"。拓跋寔救了父亲的命，本人却因伤死亡。他娶东部大人贺野干（贺兰部大人）之女为妻，有遗腹子。"甲戌，生男，代王什翼犍为之赦境内，名曰涉圭。"什翼犍很喜欢这个孙子。

在此之前所有的拓跋鲜卑统治者中，以什翼犍的性格比较宽厚；这可能和他长期在中原做质，接受了较多汉文化的熏陶有关。有一次他讨伐"西部叛者，流矢中目；既而获射者，群臣欲脔割之"。他说："彼各为其主斗耳。何罪？"就把射伤他眼睛的敌人释放了。但他在位时，中原前秦苻坚的声威正盛，使他没有大作为；所幸代国比较僻远，没有彻底给前秦灭掉。较早在建国十四年（351），他还雄心勃勃地说："石胡衰灭，冉闵肆祸（石勒所建的后赵在350年为冉魏所篡），中州纷梗，莫有匡救。吾将亲率六军，廓定四海。"他属下诸部大人认为太冒险，力加劝阻，只得放弃这个念头，而转向北方发展。《魏书》

卷一《序纪》有如下的记载:"(建国)二十六年(363)冬十月,帝讨高车,大破之,获万口,马牛羊百余万头……二十七年(364)春,车驾还云中。冬十一月,讨没歌部,破之,获牛马羊数百万头……三十年(367)冬十月,帝征卫辰……卫辰与宗族西走,收其部落而还,俘获生口及马牛羊数十万头……三十三年(370)冬十一月,征高车,大破之。"关于俘虏牲畜的数量,难免有所夸张。但北征持续成功的声威,对日后草原帝国的建立有好影响。

建国三十七年(374),什翼犍再讨卫辰,卫辰南走,求救于苻坚,两年后苻坚派大军击代,侵逼代国南境,什翼犍无力抵抗,不得已逃奔阴山以北,而当地的高车等部族又尽叛,处境狼狈不堪。拓跋珪母子跟随逃难,几乎性命不保。这是拓跋鲜卑空前的失败。同年底什翼犍便死了,时年57岁,这时拓跋珪仅6岁,赖其母机智,被送到舅氏贺兰部避难。

《魏书·序纪》:"三十九年(376),苻坚遣其大司马苻洛率众二十万及朱彤、张蚝、邓羌等诸道来寇,侵逼南境。冬十一月,白部、独孤部御之,败绩。南部大人刘库仁走云中。帝复遣库仁率骑十万逆战于石子岭,王师不利。帝时不豫,群臣莫可任者,乃率国人避于阴山之北。高车杂种尽叛,四面寇抄,不得刍牧。复度漠南。坚军稍退,乃还。十二月,至云中,旬有二日,帝崩,时年五十七岁。"

著名的不寻常的淝水之战,使北方庞大的前秦帝国顷刻瓦解,原已并入前秦版图的拓跋鲜卑部族,因此得到了复国的机会。公元385年,拓跋珪从曾祖纥罗(力微的曾孙,封上谷公)

与其弟建及诸部大人共请贺讷拥立拓跋珪为王。翌年春正月，戊申，拓跋珪大会群臣于牛川，即代王位，改元登国。

《魏书·太祖纪》："登国元年（386）春正月戊申，帝即代王位，郊天，建元，大会于牛川。复以长孙嵩为南部大人，以叔孙普洛为北部大人。班爵叙勋，各有差。二月，幸定襄之盛乐。息众课农……夏四月，改称魏王。"他把国号改称魏，表示不再受晋朝的封号。他用张衮为长史，许谦为右司马，政治指导者仍属汉族士人。

这一年拓跋珪15岁，北方的政治舞台非常热闹，前燕宗室慕容垂重建燕国，称为后燕，定都中山（编者注：今河北省定州市，下同），年号建兴；姚苌称帝于长安，是为后秦，年号建初；吕光在河西走廊建立后凉，定都姑臧，年号太安；苻登自立于陇东，年号太初。拓跋部因为自身刚刚恢复独立，又鉴于中原的形势，先行退回到土默川，使人民得以休养生息，稳定内部，收服邻近部族，然后发动向中原的进攻。

拓跋珪可能在少年时就英勇善战，但《魏书》和《资治通鉴》所载的下列几次战役，似乎应属他人指挥，只是借用魏王珪的名分而已。

公元387年六月，帝亲征刘显（此人系前一年三月从善无南走马邑）于马邑南，追至弥泽，大破之。显南奔慕容永，尽收其部落。

公元388年，魏王珪破库莫奚于弱落水南。秋七月，库莫奚复袭魏营，珪又破之。库莫奚者，本属宇文部，与契丹同类而异种；其先皆为燕王皝所破，徙居松漠之间。

公元389年，春正月甲寅，魏王珪袭高车，破之。二月癸巳，魏王珪击吐突邻部于女水，大破之，尽徙其部落而还。

公元390年，春三月甲申，帝西征，次鹿浑海，袭高车袁纥部，大破之，虏获生口、马牛羊二十余万。夏四月丙寅，魏王珪会燕赵王贺麟于意辛山，击贺兰、纥突邻、纥奚三部。破之，纥突邻、纥奚皆降于魏。刘卫辰遣子直力鞮攻贺兰部，贺讷困急，请降于魏。丙子，魏王珪引兵救之，直力鞮退，珪徙讷部落，处之东境。

公元391年，魏王珪攻击高车、柔然等部，悉皆服从，独柔然不事魏（前当苻坚灭亡代国时，柔然归附于刘卫辰）。珪引兵击之，柔然举部遁走。珪追击，大破之，虏其半部。刘卫辰遣子直力鞮帅众八九万攻魏南部，十一月己卯，魏王珪引兵五六千人拒之，壬午，大破直力鞮于铁岐山南，直力鞮单骑走，乘胜追之。戊子，自五原金津南济河，径入卫辰国，卫辰部落骇乱。辛卯，珪直抵其所居悦跋城，卫辰父子出走。壬辰，分遣诸将轻骑追之，将军伊谓擒直力鞮于木根山，卫辰为其部下所杀。十二月，珪军于盐池，诛卫辰宗党五千余人，皆投尸于河。自河以南诸部悉降，获马三十余万匹，牛羊四百余万头，国用由是遂饶。

对付南边的后燕和西燕（都并州），拓跋珪利用两国之间的矛盾，先同比较强大的后燕修好，牵制西燕的侵犯；后来又和西燕联盟，遏制后燕的扩张，从而保障了南边的安全。迅速强大起来的北魏，却对后燕构成了威胁。公元394年后燕灭西燕，占领了并州。第二年，慕容垂乘胜派太子宝率八万大军攻魏。

拓跋珪为保存实力，迁徙部落牲畜渡河远避。慕容宝军到五原，掳获了大批粮食，却碰不到魏军的主力。就在这个时候，传来了慕容垂病死的谣言；这谣言很可能是拓跋珪散播的，动摇了后燕的军心。慕容宝急于回去承继帝位，于是下令撤兵。拓跋珪率领精骑渡河急追，到达参合陂时，连夜包围了燕军的营地；燕军毫无准备，又急于东归，士无斗志，在北魏军的袭击下，全军覆没。慕容宝单骑逃脱，其他散走的不过数千人。拓跋珪把被俘的四五万燕军全部坑杀。这一仗的结果，改变了北魏和后燕军力的对比。

参合陂即今岱海，西汉曾称盐泽；在山西省北边，长城以外。湖泊周围有广宽平原，形成小盆地，附近有温泉。在平城西北约70公里，参合县城东北24公里。当时的凉城郡治所，便在此湖北岸。从西南流注此湖的河川，名为沃水，其上游南岸有沃阳县县城。因为在游牧部落的争夺战斗中，其战略地位重要，故《资治通鉴》和《魏书》等史籍，不断出现参合陂之名。

《资治通鉴》卷一○八：

> 燕军至参合陂，有大风，黑气如堤（沙暴），自军后来……魏军晨夜兼行，乙酉暮，至参合陂西。燕军在陂东，营于蟠羊山南水上。魏王珪夜部分诸将，掩覆燕军……日出，魏军登山，下临燕营，燕军将东引，顾见之，士卒大惊扰乱。珪纵兵击之，燕兵走赴水，人马相腾蹂，压溺死者以万数。略阳公遵以兵邀其前，燕兵四五万人，一时放

仗敛手就禽……太子宝等皆单骑仅免。杀燕右仆射陈留悼王绍，生禽鲁阳王倭奴、桂林王道成、济阴公尹国等文武将吏数千人，兵甲粮货以巨万计。

拓跋珪尽坑降卒，十二月还云中盛乐。

后燕太子慕容宝不甘心于参合之败，要求其父慕容垂再次袭击拓跋魏。于是在公元396年春天，燕兵又大举攻魏，直陷平城……"垂之过参合陂也，见积骸如山，为之设祭，军士皆恸哭，声震山谷。垂惭愤呕血，由是发疾。"垂老的慕容垂未能找到决战的机会，因病重引兵而还，死于上谷的沮阳，年71岁。

拓跋珪乘慕容垂之死、后燕内部混乱的机会，大举伐燕，魏军40余万分道而出，首先占领了并州，又率大军东出井陉，和后燕军连年大战。公元397和398年，接连攻破后燕的信都、国都中山和邺等重要城市，黄河以北诸州郡全为魏有。拓跋鲜卑后来居上，终于也进入了中原。

就在396年秋天，拓跋珪称帝，改元皇始，并于两年后定都平城，开始营建宫室。在此以前，拓跋鲜卑并无固定的都城。《魏书·太祖纪》皇始元年（396）：

秋七月，左司马许谦上书劝进尊号，帝始建天子旌旗，出入警跸，于是改元。八月庚寅，治兵于东郊。己亥，大举讨慕容宝，帝亲勒六军四十余万，南出马邑，逾于句注，旌旗骆驿二千余里，鼓行而前，民屋皆震。别诏将军封真等三军，从东道出袭幽州，围蓟。九月戊午，次阳曲，乘西山，临观晋阳，命诸将引骑围胁……冬十月乙酉，车驾出井陉，使冠军将军王建、左军将军李栗五万骑先驱启行。十有一月庚子朔，帝至真定。自常山以东，守宰或捐城奔窜，或稽颡军门，唯中山、邺、信都三城不下。别诏征东大将军东平公仪五万骑南攻邺，冠军将军王建、左军将军李栗等攻信都；军之所行，不得伤民桑枣。

这说明桑树和枣树，在那时候的华北很普遍，也很重要。道武帝拓跋珪每战必胜，迅速将帝国的版图推广到中原，除了他的勇敢善战外，主要是运用战利品"班赐群臣将士各有差"的办法[1]，这大大鼓励了将士对打仗的兴趣，使得属下诸部大人及士卒明白战争中掳掠的利益，要比游牧大得多。人人愿意听命打仗，很少发生叛逃的事。

随着军事力量的增长和征服地区的扩大，拓跋鲜卑的社会经济结构也逐渐发生了深刻的变化。它从一个原始野蛮的游牧部族，转而走向定居的农耕生活。它的人口本来就少，进入中原后必然变为少数民族；他们要面对华北地区的传统生产方式，要加紧接纳汉文化。因为直到此时，他们的文化水平仍远

---

[1] 许谦从征卫辰部有功，受赏得僮隶三十户；大将长孙肥屡立战功，受赏得奴婢数百口、牲畜上千头；王建有功，受赏得奴婢数十口，杂畜数千头；安同有功，受赏得妻妾及隶户三十、马二匹、羊五十只；李先有功，受赏得奴婢三口，马牛羊五十头。

落汉人之后。在拓跋珪以前，拓跋鲜卑基本上保持着单一的游牧经济，畜牧业相当发达。燕凤出使前秦时，苻坚曾询问代国人马多少；燕凤答以"控弦之士数十万，马百万匹……云中川（今山西省忻州北）自东山至西河二百里，北山至南山百有余里，每岁孟秋，马常大集，略为满川"。经常漫山遍野都是骏马。其后尔朱荣家的牲畜要用山谷作单位来计量，也可以说明这点。

愈到后来，领土愈向南扩充，农耕在经济生产中的地位愈见重要。连拓跋鲜卑的贵族，也逐渐转变成为地主，除局部地区外，畜牧业已下降为次要地位。天兴元年（398），北魏攻陷邺城之后，强迫后燕境内的民吏和徙何、高丽杂夷36万，百工伎巧10万余口迁往代北。此等北迁的"新民"，计口授田，并由政府供给耕牛。他们独立经营所分得的土地，接受政府严格管制。《魏书·贺讷传》说拓跋珪正式下令："离散诸部，分土定居，不听迁徙。"部落大人也被当作普通民户看待，导致许多保守贵族的不满。这就不再像是游牧部族了。

道武帝又制定京邑，东到代郡，西达善无，南及阴馆，北尽参合，作为"畿内"之地。其外分四方四维，名义上虽按照传统的部落组织形式，设置八部帅从事管辖，但方、维的帅，却是皇帝所委派的地方官，性质和原来的部落大人不同。他们的主要任务是监督和劝课农耕，以收成的多寡来考核其业绩。公元400年，道武帝亲耕籍田，为百姓做表率。游牧霸主要行农区皇帝的礼仪，充分证明了牧农重要性的消长。一个犯死罪的贵族和跋（曾任邺城行台尚书）在临刑前，拓跋珪特地让其诸弟去诀别,他吩咐诸弟说:"漯北(指桑干河以北)地瘠,可居水南,就耕良田,广为产业。"(《魏书·和跋传》)因为他知道农耕的利润远比畜牧优厚。

当拓跋鲜卑侵占漠南代北时,汉民族的生计甚为艰难悲惨。赋税重,劳役多。现在统治区扩大了,而主要皆为汉人居住地。必须用汉人来帮助统治,依赖汉族坞堡主建立基层统治网[1],吸收大批汉族官僚和士族到中央政府做官。拓跋珪在占领并州后,便着手建台省,置百官,封公侯将军;中央官尚书郎以下和地方官刺史太守以下,一般都任用儒生。天赐三年(406)下令诸州置三刺史,其中一人为拓跋氏宗室,

---

[1] 坞堡亦作堡坞,是魏晋南北朝乱世北方民间的一种自卫组织,概由宗族及乡里所组成。拥有武装力量,抵御外力侵扰。它们组织规模有大小,分布范围有广狭,存在时间有长短。部分为流亡避难的集团所建立;他们在丧失土地后开始流移,必须合作互助重建生产基地。诗人陶潜所撰的《桃花源记》,本由坞堡的传说演绎而成,描写农民逃避苻秦遁世隔绝。坞堡的地理分布多数在长江以北,和人口及乱局成正比;西晋末年以后的大战乱,连僻远的四川盆地也出现了坞堡。《华阳国志》中有不少记载。《后汉书》:"(顺帝刘保)永和五年(140),又于扶风、汉阳、陇道作坞壁三百所。"坞乃一种堡城、小障塞或私有的军事防御体,汉代北方边竟就有此等特殊建筑,亦即亭隧堡壁之类的结构。坞主或堡主之中也有英雄豪杰,西晋的祖逖,本来就是一个大坞主。《晋书》卷六二《祖逖传》记载晋末大乱时,"逖率亲党数百家,避地淮泗",而被推为"行主"。其后祖逖北伐,除了招募的六七万人外,仍有"本流徙部曲"百余家渡江。此等"本流徙部曲"应指原先从太原南下的亲党。此等行主及坞主,在其屯据的土地上便是封建主,彼等每招徕流民,安置他们进行生产,缴租服役。分配到土地的流民,便在坞主管治下承担耕战义务。

其余二人为非宗室的鲜卑人或汉人。郡县也置三太守和三令长。拓跋珪开始注意招纳汉族士人，凡诣军门的都引见；只要稍有才干，都会得到叙用。例如张衮和崔玄伯，皆成为他的得力顾问。清河崔家是北方的高门士族，崔玄伯的祖、父先后出仕后赵和前燕，他本人也曾在苻坚及慕容垂手下做过官。拓跋珪击败慕容宝时，崔玄伯被俘，拓跋珪召见他谈话，非常投机，便委以重任。而他的儿子崔浩，后来对北魏王朝的影响就更大了。

公元397年，拓跋珪攻下后燕国都中山，燕公卿、尚书、将吏、士卒降者二万余人。珪入城，得燕玺、图书、府库、珍宝以万数，班赏群臣将士有差。这是中原经过长期大乱残存的最大一批文物遗产。

公元398年底，拓跋珪命尚书吏部郎邓渊立官制，仪曹郎清河董谧制礼仪，三公郎王德定律令，太史令晁崇考天象，吏部尚书崔宏总而裁之，以为永式。这些汉族士人皆来自中原，拓跋魏明显地要模拟曹魏，加紧蜕变，除征战掠夺外，政治上要吸取汉族文化，以改革野蛮的面貌。

《资治通鉴》卷一一一晋安帝隆安三年（399）：

> 珪分尚书三十六曹及外署，凡置三百六十曹，令八部大夫主之，吏部尚书崔宏通署三十六曹，如令、仆统事。置五经博士，增国子太学生员合三千人。珪问博士李先曰："天下何物最善，可以益人神智？"对曰："莫若书籍。"珪曰："书籍凡有几何，如何可集？"对曰："自书契以来，

世有滋益，以至于今，不可胜计。苟人主所好，何忧不集。"珪从之，命郡县大索书籍，悉送平城。

拓跋魏的采取汉化政策，此时已露出端倪。

到了公元四五世纪之交，亦即400年左右，拓跋魏以国都平城为中心，循山西高原南下，逐步侵略后燕，占领它的国都中山。于是东到上谷军都关，西到山陕中间的黄河，南到中山隘门塞，北到阴山，构成草原帝国的稳固发展基地，被视为近畿部分，直到524年六镇叛乱，百余年间没有任何敌对势力触及此一地区。从此它的疆域持续扩大，直到统一整个黄河流域。拓跋珪不失为草原帝国的缔造者。公元398年，"魏王珪命有司正封畿，标道里，平权衡，审度量；遣使循行郡国，举奏守宰不法者，亲考察黜陟之"（《资治通鉴》）。

经过道武帝拓跋珪的努力经营，北魏在中原地区的统治逐渐稳固，而代北地区的农业生产也有了显著的发展。若干鲜卑贵族，已放弃原先的畜牧业，转而热衷于广占土地发展农耕。并且在人口持续增加的情况下，必须振兴农业才可解决粮食问题，特别是平城附近京畿地区的粮食供应。

呼和浩特市东南美岱村宝贝染山沟中所发现的北魏墓葬，可能便是4世纪末拓跋珪建立魏国前后不久的遗迹。其中一个坟墓出土了"皇帝与河内太守铜虎符"，可以证明这是拓跋鲜卑贵族的墓葬。前述几处拓跋鲜卑早期墓葬的特点，在这里已经极少见了：不仅殉牲没有了，弓、镞的随葬也不见了，骨角器全没有了。此处墓葬最突出的随葬品，为当时汉族墓葬中常见的大量细泥陶器。这表示他们已经定居，在他们的经济生活中，农耕开始占了优势。前边设置墓道的砖室墓，附有铁环的木棺，一些铜制用具如灯台及鎏金饰品，漆耳环、镳斗勺、漆鞘长型铁刀以及较多的货币随葬品等，都已经同当时汉族上层社会人士的墓葬没有太大区别。

虽然定都平城，并且营宫室、建宗庙、立社稷，拓跋珪还是不断在巡行、狩猎，这和游牧生活的积习有关；同时所辖部族，也真的需要监视。他窥伺中原，一度想定都邺城。《魏书·太祖纪》载天兴元年（398）春正月"帝至邺，巡登台榭，遍览宫城，将有定都之意。乃置行台……车驾将北还，发卒万人治直道，自望都铁关凿恒岭至代五百余里"。但当年秋七月迁都平城，天兴四年（401）夏四月罢邺城行台。五月在平城起紫极殿、玄武楼、凉风观、石池、鹿苑台，大概已经打消了迁都邺城的计划。[1]

天赐六年（409）冬十月，拓跋珪突然死了，年39岁。《魏书》说他因吃寒食散得病，实际则为儿子所弑。《魏书》记载他出生于公元371年，祖父什翼犍死时他才6岁，登国元年继代王位时他15岁，皇始元年称帝时25岁；在此之前，曾说他在登国七年（392）做了父亲（皇子拓跋嗣出生），当时他只有21岁。

---

[1]《南齐书·魏虏传》："什翼珪始都平城，犹逐水草，无城郭……佛狸破凉州（原书误为梁州）、黄龙（北燕冯氏所都龙城），徙其居民，大筑郭邑，截平城西为宫城……其郭城绕宫城南，悉筑为坊，坊开巷。坊大者容四五百家，小者六七十家。"此处什翼珪即拓跋珪，佛狸指拓跋焘。

拓跋珪的早死，有点自作自受，或佛家所谓报应。拓跋珪的父亲拓跋实，是昭成帝什翼犍的嫡子，先昭成而死，追谥献明皇帝。当拓跋珪避难于贺兰部时，看到献明贺太后之妹长相漂亮，虽分属姨母，也要转坏念头。面告贺太后要纳其妹，贺太后不许，回答说："不可，是过美，必有不善；且已有夫，不可夺也。"但草原牧骑野蛮残忍的习性难改，拓跋珪暗中使人杀了美女的丈夫，强纳美女为妻，结果生了清河王拓跋绍。绍凶狠无赖，好逛游里巷，劫掠行人以为乐。拓跋珪愤怒，曾将其子倒悬井中，吊至垂死才释放。拓跋珪又责备贺夫人，把她囚禁，说要杀她。只因天色快黑了，没及时执行。贺夫人秘密遣人向儿子告急："汝何以救我？"左右以珪残忍，人人危惧。16岁的拓跋绍，连夜和帐下及宦官、宫人通谋，逾垣入宫。到了天安殿，"左右呼曰：贼至！"拓跋珪惊起，求弓刀不获，遂被弑。太子拓跋嗣杀绍继帝位，是为明元帝。永兴二年（410），上其父拓跋珪谥曰宣武皇帝，庙号烈祖；泰常五年（420），改谥道武皇帝。

五　太武帝统一黄河流域

太武帝拓跋焘是道武帝拓跋珪的孙子,出生于东晋安帝义熙四年(408)。第二年,他那位武功显赫、对缔造北魏王朝做出伟大贡献的祖父被逆子拓跋绍所弑,于是他父亲太宗拓跋嗣继立,公元409—423年在位。拓跋嗣的业绩,被父亲和儿子双重掩盖,显得并无突出表现。他的武功,似乎仅限于北御柔然和高车,甚至要造长城防御北方的敌人。《资治通鉴》卷一一六东晋安帝义熙十年(414):"十二月丙戌朔,柔然可汗大檀侵魏。丙申,魏主嗣北击之。大檀走,遣奚斤等追之,遇大雪,士卒冻死及堕指者什二三。"另一次是泰常七年(422),南朝宋武帝刘裕篡晋当了3年皇帝死去,他曾乘机南侵,但其时南朝军力强盛,又有檀道济等干练将领,拓跋嗣无功而还;公元423年回到平城后便死了,只活了32岁,上谥曰明元皇帝,庙号太宗。

太宗拓跋嗣的文治,主要是努力吸收汉文化。他本身勤学,请博士祭酒崔浩(崔玄伯之子)讲授《易经》和《洪范》等书。"嗣因问浩天文、术数,浩占决多验,由是有宠,凡军国密谋皆预之。"清河高门望族崔氏父子,历事北魏开国三朝,苦心孤诣对拓跋鲜卑灌输汉文化,影响甚为深远。

拓跋鲜卑崛起于漠南代北草原,在短时期内占领了太行山以东广大农耕区，而这些农耕区的人口密度远比草原为大，社会文化水平远较统治阶层为高。这使他们面临许多现实问题，急需寻求解决的办法，也就是如何调和文化的策略。京师平城及其邻近地区，人口不断增加，粮食供应日感困难，专靠战争掠夺不是持久之计，必须奖励农业生产。《资治通鉴》卷一一七说拓跋嗣"躬耕籍田，且命有司劝课农桑，明年，大熟，民遂富安"。故史家称赞他"礼爱儒生，好览史传""隆基固本，内和外辑"。他和以后的孝文帝拓跋宏，为此一草原帝国两位最有文化修养的君主。

草原帝国的开创者拓跋珪，开始想并吞江南，做中原之主，但他的军团，无法在水泽地带展其所长，何况江南尚有大江的保护。同他一样凶猛的孙子拓跋焘，也未能超越草原的范围。至于孝文帝拓跋宏，就更显得力不从心了。

太武帝拓跋焘在公元423年即位，到452年被宦官所弑，在位时期长达30年。这时候东部亚洲出现了两个以拓跋魏为中轴的南北对立政权。一为南朝宋文帝和北朝太武帝的对立，此二人有许多相似之点：登上皇位的时间差不多，在位各约30年；太武帝想南征，吞并江南，宋文帝要北伐，收复失地，军力可说旗鼓相当，结果两人都达不到目的；宋文帝刘义隆在公元453年被太子刘劭所弑，只比拓跋焘多活了一年零三个月，两人的命运是皆不得善终。

另一是北魏和柔然的南北对立。当时两者都很强盛，不断发生战争，北魏竟要筑长城，置六镇防御柔然。中国人视拓跋鲜卑为蛮夷，而拓跋鲜卑又视柔然为夷狄。就战略位置说，北魏是腹背受敌，南北两侧都有大敌。究竟要先消灭哪个敌人，解除腹背受敌？何况西边还有一个大夏之主、枭雄赫连勃勃。

公元424年，柔然大举南侵拓跋魏。翌年拓跋魏大举反击，五路并出。"诸军至漠南，舍辎重，轻骑，赍十五日粮，度漠击之。柔然部落大惊，绝迹北走。"当时柔然南据阴山，对北魏的威胁甚巨。所以当太武帝问群臣应该先伐赫连还是先伐蠕蠕（太武帝轻视柔然人无知，说他们状类于虫，故恶作剧地改其族名为蠕蠕），大臣长孙嵩、长孙翰、奚斤等都说"不如先伐蠕蠕，若追而及之，可以大获；不及，则猎于阴山，取其禽兽皮角以充军实"。（《资治通鉴》）阴山富有树木和禽兽，对塞北牧骑很重要。

《资治通鉴》卷一二〇宋文帝元嘉元年（424）：

> 柔然纥升盖可汗闻魏太宗（按指拓跋嗣）殂，将六万骑入云中，杀掠吏民，攻拔盛乐宫（什翼犍始居云中盛乐宫，在故城南八里筑盛乐城）。魏世祖自将轻骑讨之，三日二夜至云中。纥升盖引骑围魏主五十余重，骑逼马首，相次如堵；将士大惧，魏主颜色自若，众情乃安。纥升盖以弟子于陟斤为大将，魏人射杀之，纥升盖惧，遁去。

以拓跋焘的性格，必然要以牙还牙，大事报复。同书卷一二一文帝元嘉六年（429）：

> 柔然纥升盖可汗先不设备，民畜满野，惊怖散去，莫

相收摄。纥升盖烧庐舍,绝迹西走,莫知所之……纥升盖可汗既走,部落四散,窜伏山谷,杂畜布野,无人收视。魏主循栗水(即今蒙古阿尔拜赫雷翁金河)西行,至菟园水,分军搜讨,东西五千里,南北三千里,俘斩甚众。高车诸部乘魏兵势,抄掠柔然。柔然种类前后降魏者三十余万落,获戎马百余万匹,畜产、车庐,弥漫山泽,亡虑数百万……八月,魏主至漠南,闻高车东部屯巳尼陂(今贝加尔湖),人畜甚众,去魏军千余里,遣左仆射安原等将万骑击之。高车诸部迎降者数十万落,获马牛羊百余万。冬十月,魏主还平城。徙柔然、高车降附之民于漠南,东至濡源,西暨五原阴山,三千里中,使之耕牧而收其贡赋,命长孙翰、刘洁、安原及侍中代人古弼同镇抚之。自是魏之民间马牛羊及毡皮为之价贱。

这是拓跋焘北伐的第一次大胜利。

盘踞鄂尔多斯的赫连勃勃,公元407—425年在位,是和拓跋焘同一类型的人物,精于战斗,不容易击败。但当他病死,诸子争位,太武帝的矛头便转西指向大夏。公元427年,太武帝攻破坚固据点统万城。同年秋七月,柔然又寇云中,听到太武帝已攻下统万,立即北遁。八月拓跋焘凯旋还至平城,把大批战利品分赠留台百官。

《魏书·世祖纪》:

(始光四年)五月,车驾西讨赫连昌……六月甲辰,

> 昌引众出城，大破之……乙巳，车驾入城，虏昌群弟及其诸母、姊妹、妻妾、宫人万数，府库珍宝车旗器物不可胜计，擒昌尚书王买、薛超等及司马德宗将毛修之、秦雍人士数千人，获马三十余万匹，牛羊数千万。以昌宫人及生口、金银、珍玩、布帛班赉将士各有差。

这些掳掠来的人口牲畜，大部安置在漠南草原，东起濡源，西到五原、阴山，延长约3000里，交由司徒长孙翰、尚书令刘洁、左仆射安原、侍中古弼等人镇抚。

神䴥三年（430）春天，传闻南朝宋文帝将要北伐，"乃诏冀、定、相三州造船三千艘，简幽州以南戍兵集于河上以备之"。此处的河系指黄河。当时南北朝尚大致以黄河（稍南）为界，后来因实力消长，南朝后退才改以淮河为界。同年秋九月甲辰，拓跋焘行幸统万，遂征平凉。十一月乙酉，车驾至平凉。己亥，帝幸安定。至此拓跋焘已拥有整个华北。西北地区只在河西走廊剩下沮渠蒙逊所建的北凉，东北地区剩下慕容云、冯跋所建的北燕，势力都很弱小，对太武帝没有威胁，而只等待他来收拾。

公元5世纪30年代，北魏的势力已伸入西域，这是汉代以后、隋唐之前所仅有的形势；东西方的行旅，特别是丝绸之路，赖以重新打开。

太延五年（439）六月甲辰，车驾西讨沮渠牧犍。此人是拓跋焘的妹夫。侍中穆寿辅皇太子决留台事，大将军嵇敬、辅国大将军崇领二万人屯漠南，以备柔然。八月甲午，抚军大将军、永昌王健获牧犍牛马畜产20余万。牧犍遣弟董来率万余人拒战于城南，望尘退走。丙申，车驾到姑臧。九月丙戌，牧犍率左右文武5000人面缚军门投降，帝解其缚，待以藩臣之礼。收其城内户口20余万，仓库珍宝不可胜计，包括较早时吕光从西域抢夺得来的财物。冬十月辛酉，率师东还，徙凉州民3万余家于京师。

《资治通鉴》卷一二〇评论太武帝：

> 魏主为人，壮健鸷勇，临城对阵，亲犯矢石，左右死伤相继，神色自若；由是将士畏服，咸尽死力。性俭率，服御饮膳，取给而已。群臣请增峻京城及修宫室……帝曰："古人有言，在德不在险。屈丐蒸土筑城而朕灭之，岂在城也？（指赫连勃勃蒸土筑统万城）今天下未平，方须民力，土功之事，朕所未为……"明于知人，或拔士于卒伍之中，唯其才用所长，不论本末。听察精敏，下无遁情，赏不违贱，罚不避贵，虽所甚爱之人，终无宽假。常曰："法者，朕与天下共之，何敢轻也。"然性残忍，果于杀戮，往往已杀而复悔之。

他在进攻统万城时，曾"身中流矢，奋击不辍，夏众大溃"。又，他治军极严。"太平真君五年（444），二月辛未，中山王辰等八将，以北伐后期，斩于都南。"（《魏书·世祖纪》）

拓跋焘这次西征，事实上等于巡行，毫不费力地把北凉灭掉，而且军威及于西域，主要目的是接收西北方面最后一批最完备的汉文化遗产,包括许多受汉文化熏陶的人才。姑臧(凉州)因离中原远,没有受到连绵战祸的影响,不少士人跋涉避乱河西,使河西成为荒漠中的世外绿洲。拓跋焘取得姑臧时,城内人口达20万,比今天(编者按:指20世纪80年代末)的武威市多一倍以上。

《魏书》卷四《世祖纪》记载,太平真君九年(448)九月:"成周公万度归千里驿上,大破焉耆国,其王鸠尸卑那奔龟兹。"又《资治通鉴》卷一二五宋文帝元嘉二十五年(448):"十二月,魏万度归自焉耆西讨龟兹,留唐和镇焉耆。柳驴戍主乙直伽谋叛,和击斩之,由是诸胡咸服,西域复平。"

现在形成真正的南北朝对峙局面了。主要的界线是长江,次要的界线是淮河。淮河以北,天然植被主要为草原。中国北方的草原地带,从渤海之滨一直向西伸展到东南欧。拓跋鲜卑的骑兵东西驰骋非常神速,但愈到南边愈不中用。这是天然的限制,勉强克服会遭遇困难。

南朝的宋文帝刘义隆,说他"自践位以来,有恢复河南之志"。但数次北伐,都没有多大成就。另一方面,北魏镇守南边的将领则希望南侵,因为打仗对他们会有好处。他们上表太武帝拓跋焘:

> 宋人大严,将入寇,请兵三万,先其未发,逆击之,足以挫其锐气,使不敢深入。因请悉诛河北流民在境上者,以绝其乡导。魏主使公卿议之,皆以为当然。崔浩曰:"不可。南方下湿,入夏之后,水潦方降,草木蒙密,地气郁

蒸，易生疾疠，不可行师。且彼既严备，则城守必固。留屯久攻，则粮运不继；分军四掠，则众力单寡，无以应敌。以今击之，未见其利。彼若果能北来，宜待其劳倦，秋凉马肥，因敌取食，徐往击之，此万全之计也。朝廷群臣及西北守将，从陛下征伐，西平赫连，北破蠕蠕（柔然），多获美女、珍宝，牛马成群。南边诸将闻而慕之，亦欲南抄以取资财，皆营私计，为国生事，不可从也。"魏主乃止。

拓跋焘当然知道前秦苻坚因淝水之战使庞大帝国迅即瓦解的故事。这个教训对他的心理有影响。《宋书》卷九五《索虏传》，曾提到太武帝拓跋焘给宋文帝的信说："彼常欲与我一交战，我亦不痴，复非苻坚。"

仗总归是要打的，但双方都有顾忌，都在等待时机。

拓跋焘统一了黄河流域之后，在等待大举南侵的时候，做了两件过后大为懊丧的事。一为严禁佛教，另一为杀宠信无比的重臣崔浩。

太平真君七年（446），宋文帝刘义隆元嘉二十三年三月，拓跋焘"诏诸州坑沙门，毁诸佛像。徙长安城工巧二千家于京师"。而其孙高宗文成帝拓跋濬却是信佛的。太武帝的严厉禁绝佛教，部分受到崔浩佛教观念的影响。也正像他忽然杀崔浩一样，事后有所反悔。故到他晚年，佛禁已渐松弛。《资治通鉴》卷一二六宋文帝元嘉二十九年（452）：

魏世祖晚年，佛禁稍弛，民间往往有私习者。及高宗即位，群臣多请复之。乙卯，诏州郡县众居之所，各听建佛图一区；民欲为沙门者，听出家，大州五十人，小州四十人。于是向所毁佛图，率皆修复。魏主亲为沙门师贤等五人下发，以师贤为道人统。

太平真君十一年（450），六月己亥杀司徒崔浩，九月辛卯车驾南伐。[1]十月癸亥，车驾到枋头，乙丑车驾渡过黄河。"乃命诸将分道并进：使征西大将军永昌王仁自洛阳出寿春，尚书长孙真趋马头，楚王建趋钟离，高凉王那自青州趋下邳。车驾自中道"。十一月壬子到达彭城，再趋盱眙。十二月丁卯，到达淮河。"诏刈蒹苇，泛筏数万而济。"南朝盱眙守将臧质闭门拒守，北魏军屡攻不下，于是放弃攻城，孤军向南突入，而于十二月癸未，到达长江北岸的瓜步山。

拓跋焘可用数万苇筏渡过淮河，但对广阔的长江可不行；草原之雄只有望江兴叹。第二年正月，便知难而退了。但此次

---

[1] 北魏太武帝在南侵之先，做了许多准备工作。在亲征击败柔然之后，始光三年（426）派兵进攻夏国，继之占领长安。次年亲率大军下夏国被形容为坚不可摧的统万城。再次年，俘虏了夏国主赫连昌。神麚四年（431），夏国的残部赫连定并灭西秦，驱掠秦民10多万口逃往河西，中途被吐谷浑王击溃，吐谷浑把俘虏的赫连定当作贡品送给北魏。于是北方只剩下两个小国，即北燕和北凉，它们分别在太延二年（436）和太延五年（439）为北魏所灭。至此拓跋焘统一了黄河流域，面对南朝的刘宋了。

北魏大军南下，也不无小收获，侵占了一些土地；劫掠残杀，使交战地带人民受到惨重的伤害。《资治通鉴》记载："魏人凡破南兖、徐、兖、豫、青、冀六州，杀伤不可胜计，丁壮者即加斩截，婴儿贯于槊上，盘舞以为戏。所过郡县，赤地无余；春燕归，巢于林木。魏之士马死伤亦过半，国人（和拓跋氏同出北荒的子孙，相传有九十九姓）皆尤之。"《资治通鉴》卷一二五《宋纪七》文帝元嘉二十七年（450）："上欲伐魏……太子步兵校尉沈庆之谏曰：'我步彼骑，其势不敌。檀道济再行无功，到彦之失利而返。今料王玄谟等，未逾两将，六军之盛，不过往时，恐重辱王师。'"这样的劝谏，语意是够重的了。

让拓跋焘一直打到长江北岸的瓜步，也暴露了刘宋的军力已大不如前。当北魏大军到达长江北岸时，南朝当局也顿紧张。《资治通鉴》同卷说："上登石头城，有忧色。谓江湛曰：'北伐之计，同议者少。今日士民劳怨，不得无惭；贻大夫之忧，予之过也。'又曰：'檀道济若在，岂使胡马至此！'"南朝名将檀道济是因战功高而招忌被害的。

拓跋焘围攻盱眙，曾给宋朝守将臧质写信："吾今所遣斗兵，尽非我国人。城东北是丁零与胡，南是氐、羌。设使丁零死，正可减常山、赵郡贼，胡死，减并州贼；氐、羌死，减关中贼。卿若杀之，无所不利。"臧质也幽默，回信说："省示，具悉奸怀。尔自恃四足（指骑兵），屡犯边……尔智识及众力，岂能胜苻坚邪！今春雨已降，兵力四集；尔但安意攻城，勿遽走！粮食乏者可见语，当出廪相贻。"臧质更妙的是，反寄信给北魏士众，指出拓跋焘视彼等为贼，是怎样贱待他们的。"尔语虏中诸士庶：佛狸（宋人称呼拓跋焘）所与书，相待如此。尔等正朔之民，何为自取糜灭，岂可不知转祸为福邪！"并提出赏额："斩佛狸首，封万户侯，赐布绢各万匹。"

当太武帝围攻盱眙时，曾向守将臧质要酒吃，镇定而幽默的臧质给他送去一罐尿，气得这个草原之雄火冒三丈，全力攻城30天，魏兵尸体，高与城平，还是攻不下，又只得忍辱罢去。

同书又说：

> 魏主凿瓜步山为蟠道，于其上设毡屋。魏主不饮河南水，以橐驼负河北水自随。饷上（指宋文帝）橐驼、名马，并求和请婚。上遣奉朝请田奇饷以珍馐、异味。魏主得黄甘，即啖之，又大进酃酒。左右有附耳语者，疑食中有毒。魏主不应，举手指天，以其孙示奇曰："吾远来至此，非欲为功名，实欲继好息民，永结姻援。宋若能以女妻此孙，我以女妻武陵王（后来的宋孝武帝刘骏），自今匹马不复南顾。"

最后几句话显然为遁词，为他自己徒劳而无功的行动打圆场。他非但请婚无成，而且北撤时尚遇盱眙之辱。唯《魏书·世祖纪》的说法大不相同："甲申，义隆（宋文帝）使献百牢，贡其方物，又请进女于皇孙以求和好。帝以师婚非礼，许和而不许婚，使散骑侍郎夏侯野报之。"所谓正史，其可靠性不过如此！

正平二年（452）二月甲寅，太武帝被宦官宗爱弑于永安宫，时年45岁。《魏书·世祖纪》不提被杀的事。

六　平城的营建

平城在猗卢和什翼犍时代，虽已长期成为拓跋鲜卑统治的中心，但并未正式营建为帝国首都，可能帐幕远多于固定房屋。《魏书·太祖纪》在登国六年（391）有"是岁，起河南宫"的记载，可能就只有那么一座宫殿，并且规模不大；因为接着的七年、八年、九年和十年，皆有"还幸河南宫"的记载。直到拓跋珪天兴元年（398），北魏的都城才正式搬到平城，并开始营建宫室宗庙。草原帝国才开始有固定的都城。

《魏书·太祖纪》天兴元年"秋七月，迁都平城，始营宫室，建宗庙，立社稷……冬十月起天文殿。十有一月辛亥，诏尚书吏部郎中邓渊典官制，立爵品，定律吕，协音乐；仪曹郎中董谧撰郊庙、社稷、朝觐、飨宴之仪；三公郎中王德定律令，申科禁；太史令晁崇造浑仪，考天象；吏部尚书崔玄伯总而裁之"。所有这些官员都是汉人。有了此等制度文物，才像一个朝廷。

同年十二月，"徙六州二十二郡守宰、豪杰、吏民二千家于代都"。因为平城人口少，必须迁移别地的居民官吏来充实；有时并使用俘虏来的人力。譬如天兴二年（399）正月袭击高车，俘获七万多人，就驱使他们兴建鹿苑。同书记载天兴二年春正月庚午，车驾北巡，分命诸将大袭高车。二月丁亥朔，诸

六　平城的营建 / 053

军同会，破高车杂种三十余部，获七万余口，马三十余万匹，牛羊百四十余万……以所获高车众起鹿苑，南因台阴，北距长城，东包白登，属之西山，广轮数十里，凿渠引武川水注之苑中，疏为三沟，分流宫城内外。又穿鸿雁池。秋七月起天华殿，辛酉，大阅于鹿苑，飨赐各有差。陈郡、河南流民万余口内徙，遣使者存劳之。八月，增启京师十二门，作西武库。冬十月，太庙成，迁神元、平文、昭成、献明皇帝神主于太庙。十二月天华殿成。三年（400）春二月丁亥，诏有司祀日于东郊，始耕籍田。三月穿城南渠通于城内，作东西鱼池。秋七月起中天殿及云母堂、金华室。

上文提到天兴元年攻下邺城时，拓跋珪一度想定都邺城，那是一个现成的、颇具规模的都城。他凯旋北归时曾在邺城设置行台，并以龙骧将军日南公和跋为尚书，与左丞贾彝率郎吏及兵5000人镇守。到了天兴四年（401），决定不在邺城建都了，于是在该年四月罢邺城行台。五月在平城起紫极殿、玄武楼、凉风观、石池、鹿苑台。六年（403）秋七月筑离宫于犲山，冬十月又起西昭阳殿。[1]

---

[1] 邺城曾是曹魏、后赵、冉魏、前燕、东魏、北齐的都城，遗址在今河北省临漳县西南12.5公里，有南北毗连两个城址。北邺城大部在今漳河北、故漳水南，相传始建于春秋齐桓公时。东汉末年建安九年（204），曹操大力营建此城为国都，曹丕篡汉移都洛阳，仍以邺城为北都。后赵和冉魏都邺，也曾对此城大加修建。公元577年北齐灭亡，此城衰落。南邺城在今漳河南岸，初营建于东魏，毁于隋文帝杨坚。（转下页）

天赐元年（404）秋九月，"帝临昭阳殿，分置众职，引朝臣文武，亲自简择，量能叙用；制爵四等，曰王、公、侯、子"。冬十月，筑西宫。"十有一月，上幸西宫……（三年）六月，发八部五百里内男丁筑灅南宫，门阙高十余丈；引沟穿池，广苑囿；规立外城，方二十里，分置市里，经涂洞达。三十日罢。"四年（407）七月，"筑北宫垣，三旬而罢"。因为动员的人数很多，故能在一个月的短时间内完成。这两次所征发的是以鲜卑人为主的胡、汉各族人民。当时人民所负担的劳役很重。

（接上页）由于漳河经常泛滥和改道，北邺城已受严重破坏，地面遗迹残存甚少；南邺城则全为河沙掩盖。郦道元《水经注·漳水》说明北邺城呈长方形，东西七里，南北五里，有七门：南面三，北面二，东西各一门。左思《魏都赋》描述的正是此城。一条东西大街把全城分为南北两区。北区中部建宫城，宫城以东为贵族所居戚里及官署，以西为禁苑铜雀园；西城垣中部偏北，以城垣为基础，建筑金虎、铜雀、冰井三台。南区大部分为居民里坊，仅有少数官署。北邺城的建筑遗址，仅存金虎台和铜雀台两座基址以及城内八处不知名的夯土台基。

据文献记载，南邺城平面亦呈长方形，南北八里六十步，东西约六里。其北城垣即北邺城的南城垣，共有城门十四座，南、北垣各三门，东、西垣各四门。城市布局大体继承了北魏洛阳内城的形制。而北魏洛阳城的格局，却受邺都北城中轴线布局的影响。北城在中轴线的位置上开辟南北干道，北达宫城，南通大城正南门，区划分明，交通便利，克服了东汉洛阳城宫殿区分散、东西交通不便等缺点，形成中国古都城市规划的一种新模式，给南北朝和隋唐都城设计以重大影响。北魏洛阳城以铜驼街为中轴线，北通居全城中北部的宫城，南达南垣四门之一的宣阳门。太庙、太社（社稷）、宗正寺、司徒府、太尉府、国子学、左卫府、右卫府等高级官署，都分布在铜驼街的东西两侧。北魏洛阳城有重大的改革，即废除了东汉以来南北两宫的制度，建立了单一的宫城。

《魏书》卷二三《莫含传附莫题传》：

> 慕容宝上谷太守骥，捐郡逃走，太祖追讨，题为大将，别出东道。以功赐爵东宛侯。及还京师，常与李栗侍宴。栗坐不敬获罪，题亦被黜为济阳太守。后太祖欲广宫室，规度平城四方数十里，将模邺、洛、长安之制，运材数百万根。以题机巧，征令监之。召入，与论兴造之宜。题久侍颇怠，赐死。

由此可知拓跋珪所规划的平城，是以中原故都作蓝本的，而模仿的对象首举邺城。他攻下邺城时曾在其地停留，而曹操所长期经营的邺城，正是宫苑在北，市里在南。外城多驻禁卫军。《南齐书·魏虏传》："其郭城绕宫城南，悉筑为坊，坊开巷。坊大者容四五百家，小者六七十家……宫城三里内，民户籍不属诸军戍者，悉属之。"郭城悉筑为坊，说明郭城的布局和外城相似。

平城的营建，经过道武帝拓跋珪的奠基，逐渐繁盛。当时国势富强，到太宗拓跋嗣继立，开始比较注意文治，同时也着意京城的扩建。从永兴五年（413）以后，几乎每年都有工程在进行，直到泰常八年（423）明元帝拓跋嗣死亡。

永兴五年二月，穿鱼池于北苑。神瑞元年（414）二月，起丰宫于平城东北；二年（415）春二月甲辰，立太祖庙于白登之西。泰常元年（416）十一月，筑蓬台于北苑；二年（417）秋七月，作白台于城南，高二十丈；三年（418）冬十月戊辰，筑宫于西苑；四年（419）三月癸丑，筑宫于蓬台北，九月，筑宫于白登山；五年（420）夏四月丙寅，起灅南宫；六年（421）三月，发京师六千人筑苑，起自旧苑，东包白登，周回三十余里；七年（422）秋九月辛亥，筑平城外郭，周回三十二里；八年（423）冬十月癸卯，广西宫，起外垣墙，周回二十里。

此等初期的营建工程，似乎都很简陋。这合乎当时的实际需要。他们的生活水平原很低下。我们从工程的快速完成观察，以及南朝出使北魏臣僚的报道，可以相信《南齐书·魏虏传》：

> 截平城西为宫城，四角起楼……城又无堑。南门外立二土门，内立庙，开四门各随方色。凡五庙，一世一间瓦屋，其西立太社。佛狸（指太武帝拓跋焘）所居云母等三殿，又立重屋，居其上。饮食厨名"阿真厨"在西，皇后可孙恒出此厨求食……殿西，铠仗库屋四十余间；殿北丝绵布绢库，土屋一十余间。伪太子宫在城东，亦开四门，瓦屋；四角起楼，妃妾住皆土屋……太官八十余窖，窖四千斛……又有悬食瓦屋数十间，置尚方作铁及木……其郭城绕宫城南，悉筑为坊……城西南去白登山七里，于山边别立父祖庙，城西有祠天坛……

太武帝拓跋焘忙于征战，住帐幕的时间可能比宫殿多。他对于平城的营建，不及他父亲热心。但还是兴建了不少宫殿。有一次群臣建议更筑平城城墙，以符《周易》设险之义；他表示反对，说道："古人有言，在德不在险。屈丐蒸土筑城而朕灭之，岂在城也？"和此事存在连带关系的，《资治通鉴》曾有如下的记载："夏世祖（指赫连勃勃）性豪侈，筑统万城，高十仞，基厚三十步，上广十步，宫墙高五仞，其坚可以厉刀斧。台榭壮大，皆雕镂图画，被以绮绣，穷极文采。魏主（指拓跋焘）顾谓左右曰：'蕞尔国而用民如此，欲不亡得乎！'"

《魏书·世祖纪》中有关平城的营建，仅有下列数项：

始光二年（425）三月庚申，营故东宫为万寿宫。起永安、安乐二殿，以及临望观和九华堂。

三年（426）二月，起太学于城东，祀孔子，以颜渊配。

延和元年（432）秋七月，筑东宫。三年（434）秋七月，东宫成，备置屯卫，三分西宫之一。

太平真君十一年（450）二月大治宫室，皇太子居于北宫。

北魏建都平城，差不多长达100年。在这将近一个世纪的前半部分时间里，拓跋鲜卑统治集团到处掳掠人口。仅据现存文献记录，估计当时至少有100万人口（主要为汉人），被强迫迁移到平城及其附近。《魏书·太祖纪》就很重视徙民以充京师。强迫移民的主要目的，是开垦农田，增产粮食，而这只有汉人才做得来。文献记载北魏初期就驱使各族人民在河套地区大规模屯田，这对北魏初期的社会经济发展曾经起了重大作用。《资治通鉴》卷一○八东晋太元二十年（395）："燕军至五原，降魏别部三万余家，收穄田百余万斛"。可见当时的农业已具有相当规模。河套灌溉农区所生产的粮食，过半数供应京师平城。

光是根据《魏书》本纪等的明确记载，被掳到平城的人口就有：

1. 公元398年，徙山东（太行山以东）六州民吏及徒何（鲜卑）等杂夷三十六万、百工伎巧十万余口到平城及畿内。

2. 公元398年，徙山东六州二十二郡守宰豪杰吏民二千家到平城。

3. 公元402年，掳获匈奴残部，徙居平城。

4. 公元418年，徙冀、定、幽三州徒何于平城。

5. 公元426年，太武帝攻夏，掳获万余家归平城。

6. 公元427年，攻陷夏都统万城，掳获赫连氏家属和宫女万余人及秦雍人士数千人归平城。

7. 公元439年，灭北凉，徙沮渠氏宗族及吏民三万余家到平城。

8. 公元451年，攻南朝宋，掳获宋民五万余家，分居平城附近。

这些被强迫迁移平城及其邻近地区的人口，据《魏书·食货志》记载，多数安置在东至代郡（今河北省蔚县）、西及善无（今山西省右玉县）、南及阴馆（今山西省代县）、北尽参合（今内蒙古凉城县西南）的畿内之地。目的在分散诸部，划地定居，不准迁移。同书又说"劝课农耕，量较收入"。这样的安排，既可把此等部落人民和昔日的酋长分离，使"君长大人皆同编户"（《北史·外戚·贺讷传》），又迫使原住帐幕的游牧生涯改变为定居的农耕生产，同时可以帮助解决平城粮食供应不足的问题。

平城的天然地势，北高南低；桑干河的支流御河（北魏时称如浑水），系从北向南经过平城。其外城和外郭，主要在宫城南面。自古以来，宫城总选择在最高、最好的地区。

《南齐书·魏虏传》："妃妾住皆土屋（黄土屋），婢使千余人织绫锦贩卖；酤酒、养猪羊、牧牛马、种菜逐利。"而宫城之中"又有悬食瓦屋数十间，置尚方作铁及木"。这些都充分说明平城时期北魏宫苑之所以占地广大，主要并非为供皇族游猎，而是基于宫廷经济还带有一定的原始性质，以及北魏皇室还直接役使着奴隶进行包括畜牧在内的各种生产的缘故。当时连皇太子也有自己经营的田畜贩酤，或许他们鲜卑人觉得这些生业很新颖刺激。《魏书·高允传》就记载了拓跋晃为太子时"营立田园，以取其利"。

差不多整个第5世纪，平城一直是北魏的政治和经济中心，因此附近存在着较多的墓葬。但现在已经发现的，只有方山和大同市东南郊的两处统治集团的陵墓。

方山今名梁山，在大同之北，长城以内；其地两川夹流，从高处俯瞰平城，有点像邙山之于洛阳。孝文帝拓跋宏在太和十四年（490），隆重埋葬文明太皇太后冯氏于此，称为永固陵，俗呼祁皇坟；此一陵园工程从太和五年（481）起，到太和八年（484）完成，墓冢基底略呈方形，东西长124米，南北宽117米；上部作圆形，自基底到冢顶，现高度为22.9米。早经盗掘破坏，1976年进行了清理。冯氏为北燕冯弘孙女，北燕提倡佛教，5世纪后半部分，冯氏及其兄熙佞佛，广建佛寺。方山墓地既系冯氏自己选择，而墓园兴建又正为冯氏垂帘听政时期，可任意布置，因此整个布局富有佛教色彩。永固陵东北约800米，另有一个约60米见方、现存高度13米的大冢，则为孝文帝拓跋宏为他自己造的虚宫"万年堂"。此堂以北，尚有较小的墓冢两处，按照北魏金陵制度，应属永固陵的陪葬墓。近年在墓园附近发现了石窟残迹，大概就是《魏书·高祖纪》所说太和八年（484）秋七月乙未行幸的"方山石窟寺"遗迹。石窟寺在太和年代，为平城极重要的佛寺，为冯太皇太后所经常行幸。其余的皇陵，集中分布于云中的金陵。

随着草原帝国疆域的扩张，首都平城的发展很快。据《魏书·释老志》记载，到孝文帝太和十五年（491）时，京城便已"里宅栉比"。《魏书·韩麒麟传附子显宗传》记述平城里坊居民："太祖道武皇帝创基拨乱，日不暇给。然犹分别士庶，不令杂居，伎作屠沽，各有攸处。但不设科禁，卖买任情，贩贵易贱，错居混杂。"草原牧民自由自在惯了，现在要他们居住在固定的地方，肯定不会很高兴。

《魏书·西域传》记载公元5世纪中叶，北魏和西方的往来频繁。5世纪80年代前后平城就聚居不少中亚和西亚的僧侣、艺术工作者以及赀财百万的商贾。1970年，大同市博物馆在南郊的工农路北侧，清理了两处北魏遗址。二者相距不过20米，附近出土大型的方础、筒瓦和石臼等。东遗址出土石雕方砚一件，砚面浮雕为甚为精美的耳杯形水池，砚侧有云龙、朱雀、水禽衔鱼等纹节。西遗址发现了曲沿银洗一件、镶嵌或精雕的鎏金高足铜杯三件和刻花银碗一件。这批金属器物的造型和植物花纹、人物装饰等，一眼便可看出具有浓厚的西亚风格，显然多是从西方输入的奢侈品。而此等高级用品的出土，说明了郭城内的坊里以及附郭近郊大部分地区，皆为皇族、贵戚、勋旧和高官巨贾的宅院。

1982年6月,我从大同转赴太原途中,当火车经过朔县时,同车一位研究佛教的先生,告诉我该县的崇福寺,原有一座高约5尺、四方形、分9层、雕造非常精美的石塔,为北魏平城城内被《水经注》作者郦道元形容为"神图妙塔"的仿制品;塔上的铭文有献文帝拓跋弘天安元年(466)平城造等字样,是中国已知北魏有明确纪年的最早佛教遗物之一。抗日战争期间日军侵占山西后,迅速将此石塔劫走,送到了东京的所谓帝室博物馆,战败投降之后,不得已才退还中国,现保存在台北。但这不过是一件而已,其他被日本人盗窃而中国并无记录可查的,真不知有多少呢!

北魏平城遗址在今山西省大同市区及其附近,桑干河(灅水)支流御河(如浑水)中游两侧;北边到达方山,接近长城。近年在大同城北的小北城内外以及大同火车站一带,出土了不少北魏的波纹、连珠纹、忍冬纹的灰黑色陶片,布纹大瓦和莲纹"富贵万岁"隶书体铭文的瓦当;大同火车站东北方,还发现排列整齐、间距约5米的覆盆础石;础石厚20厘米,70厘米见方;石面承柱部分的直径达45—50厘米,可以推测皆为巨大建筑。此项重要遗迹,表明这地方实属北魏宫城和宫城前衙署的范围;而大同火车站北方现存的一段夯土残垣,可能便是宫殿区北壁的遗迹。

七　孝文帝时代的改革

　　改革需要特定的环境条件,也要付出相应的代价。又因环境条件是逐渐交错形成的,故多数比较彻底的改革需要颇长时间。拓跋鲜卑原为文化很落后的草原部族,南迁以后逐渐接触汉民族;因接触交流而导致融合和改变,先进提携后进,后进向先进学习。故文化落后的一方,经常会起比较大的变化。

　　他们从东北森林区迁移到蒙古高原南部边缘时,适逢中原汉族王朝衰乱,因而顺利地全面接替匈奴的空缺;军团的势力膨胀得很快,但文化却不可能一下子也跟着向上。进入长城以后,统治者的少数民族,陷入汪洋大海似的以农耕为主的被统治者之中,于是社会经济出现矛盾,并且愈到后来愈严重。另一方面,统治阶级本身,特别是皇帝和部族酋长之间,也出现了权力斗争。

　　前秦的苻坚够强大了吧,他迅速建立起一个庞大帝国,包括拓跋鲜卑部落。但因组成分子复杂,内部存在着许多矛盾,在淝水之战失败后,几乎立刻土崩瓦解。北魏王朝会不会重蹈覆辙?在漫长的历史过程中,汉人所建立的传统王朝会分裂或丧亡,甚至为期颇久;但汉文化却永远存在,与天地同其不朽[1]；它非但是先进的文化，并且根植深厚。鲜卑族不可能同化汉族，但汉文化能使他们被融合。这在拓跋魏以前以后都发生过，是中国历史和文化发展的主流。

自太武帝拓跋焘的征服高潮过后，北魏的军事力量就趋向下坡；而拓跋鲜卑本身的社会经济结构，却起了加速的变化。汉化运动虽因崔浩的被杀而遭受挫折，但从文成帝拓跋濬以后便恢复进行。因为这是正常而必然的趋势，也就是历史的潮流。拓跋鲜卑的汉化，到孝文帝集其大成。此处我采用"孝文帝时代"而避用孝文帝拓跋宏其人，因为他在位长达29年，但大部分时间实际属冯太皇太后统治，一直等到太和十四年（490）才亲政。而太和二十三年（499）他便死了，故亲政时期头尾不过10年。当然，远在孝文帝之前，拓跋鲜卑部族为适应统治上的需要，已逐步开始改革。但因所受的阻力大，进步很缓慢。直到孝文帝时才出现改革的高潮。

从力微到什翼犍的156年之间，拓跋统治者的王权虽尚未十分稳固，但基本上维持了"一系相承"的传统局面。在公元277年力微忧死之后，虽然出现过部落离散、统治不稳的情况，但为时不久；比较严重的是在前秦苻坚的强大军事压力下，拓跋部不得已逃亡到阴山以北，几乎失国。其余绝大部分时间，拓跋部落联盟诸部，皆服属于拓跋统治者。他们的统治权不但

---

[1] 从西晋末年永嘉之乱算起，北方陷入分裂割据的局面到前秦的暂时统一，经过了70多年。从淝水之战促使前秦瓦解到北魏再统一黄河流域，又经过了将近60年，两者相加长达130多年。

能维持下去，而且还能持续扩充军事力量。在力微时，控弦上马20万人，到猗卢时增加到40万人，再到郁律时，据说接近100万人。这些数字虽不免有所夸张，但拓跋鲜卑统治者拥有强大军力却无可置疑。后来拓跋珪赖此参加中原的角逐，拓跋焘也赖此征服整个黄河流域，结束了十六国的混乱局面。

不过各部大人仍拥有颇大的权力，重要的事件，必须征求各部大人的同意才可实行。例如《魏书·序纪》记诸部大人劝阻什翼犍冒险进兵中原："今中州大乱，诚宜进取，如闻豪强并起，不可一举而定，若或留连，经历岁稔，恐无永逸之利，或有亏损之忧。"就是拓跋鲜卑整个统治集团，综观中原形势，衡量利害得失的结论，什翼犍也只得听从。

为了加强中央政府的力量，道武帝拓跋珪首先采取"离散诸部，分土定居"的办法。诸部大人失掉了自己的统治圈，势力才见削弱。他又一再改革官号，以遏制鲜卑贵族的权力。同时牧民任意在草原上驰骋的自由丧失了，这对其后战斗力的减退也有影响，普通的拓跋族成员，已变为被束缚在土地上的编户；他们和大批迁移到代北地区的汉人及其他少数民族混居杂处，逐渐同化。为解决日见严重的粮食供应问题，农耕受到了较多的注意，部分草地转变成为农田。这是中国东北边外草原土地利用最早的大改变。

太武帝拓跋焘太延五年（439）讨伐河西走廊北凉沮渠牧犍，接收最后一批重要的汉文化遗产，暂由太子拓跋晃监国。《魏书》说此人曾下令"有司课畿内之民，使无牛家以人牛力相贸"。接下去的一段文字，史书记载不尽相同，并且文字也

七 孝文帝时代的改革 / 065

不很明白。他引用《周礼》下令"任农以耕事,贡九谷"。译成白话文便是采取人力、牛力交换的办法,使土地得到充分利用。有牛之家出牛一头,为无牛之家耕田22亩;无牛之家出人,替有牛之家耘锄农田7亩作为报偿。像是一种变相的劳役地租。当时代北地区,特别是平城附近的人口大增,粮食供应已出现短缺,而平城的水热条件,并不适宜于农业,故不得不多辟耕地。

《资治通鉴》卷一二四宋文帝元嘉二十一年(444):"太子(北魏太子拓跋晃)课民稼穑,使无牛者借人牛以耕种,而为之芸田以偿之。凡耕种二十二亩而芸七亩,大略以是为率。使民各标姓名于田首以知其勤惰,禁饮酒游戏者。于是垦田大增。"这说明农耕在草原帝国经济地位的上升。

强有力而残暴的统治者之后,往往会出现比较仁厚的君主,这是武功和文治轮流交替的相应现象。细心阅读中国历史,不难看见连串类似的情况。北魏太武帝拓跋焘把武功的使用臻于极致。他的孙子文成帝拓跋濬则比较注意文治[1],文治经常跟在武功后面。在太安年间(455—459),文成帝觉得除了常赋之外,人民还得负担15项杂调,太繁重,应该消除。尚书毛法仁说这是军国资用,不宜一下子废除。文成帝回答:"使地利无

---

[1] 拓跋濬的父亲拓跋晃,为太武帝拓跋焘长子,延和元年(432)立为皇太子,时年15岁。《魏书》说他"及长,好读经史,皆通大义……正平元年(451)六月薨于东宫,时年二十四"。想必他得到汉族人士的教导,转变成为爱好文化类型的人物。第二年拓跋焘便被宦官弑了。帝位终由拓跋晃之子拓跋濬继承;他就是高宗文成帝,孝文帝拓跋宏的祖父。

穷，民力不竭，百姓有余，吾孰与不足。"就决心免除，于是"赋敛稍轻，民复赡矣"。这才是尚有良心的国主、文治开肇时的贤君。

在北魏初期，为适应北方人民颠沛流徙、户籍紊乱以及坞壁[1]林立的特殊情况，政府委任一些汉族乡绅为宗主督护，通过此等宗主督护，向农民征收赋税、派征徭役和兵役。当征收租调之际，要先召集三老，把本地户口按贫富评定为九品，再把根据平均定额所规定的租赋总额按品级分摊；品级高的户摊得较多，品级低的人户摊得少些。政府规定的平均定额为每户帛二匹、絮二斤、丝一斤、粟二十石；另外再加地方征收的"调外之费"帛一匹二丈，唯每户的实际负担各品不同。此为沿袭西晋"九品相通"而来的"九品混通"的租调制。献文帝皇兴三年（469），又规定上三品户租调送缴平城，中三品送别州重要仓库，下三品送本州。这实际上便是按照"户等"所规定的不同的徭役。

《魏书·食货志》："山东之民咸勤于征戍转运，帝深以为念。遂因民贫富，为租输三等九品之制。千里内纳粟，千里外纳米；上三品户入京师，中三品入他州要仓，下三品入本州。"

北魏所规定的租调定额，并非绝对固定，每因临时需要而任意增加。例如孝文帝延兴三年（473），就曾命令黄河以南六州每户交绢一匹，绵一斤，租三十石；同年为了储积军粮，又令各州每户交租五十石。这是很重的负担。孝文帝太和八年

---

[1] 坞壁，参阅上章"坞堡"注。

(484),更命令每户增交帛三匹、粟二石九斗,作为官俸。

拓跋魏政府原无俸禄,官吏都得自想办法,故贪污赇赂公行,中央官吏可以按等级分享掳掠的战利品或接受额外赏赐,地方官则只要能够上缴规定的租调,便可在管区内任意搜括,无法无天。诸州的军府镇将,几乎全是代北来的鲜卑人,他们南下的目的,原来就在于捞取财富。《魏书·公孙轨传》就说这些人往往"初来单马执鞭,返去从车百辆"。这些鲜卑高官势大权重,比州郡的官吏还凶暴得多。唯所有官吏之中,特别是汉族士人,也有真正廉洁可敬的,如中书侍郎高允便是一例。南朝同时期似乎很难找出同样的好官。《资治通鉴》卷一二八宋孝武帝大明二年(458):

> 时魏百官无禄,允常使诸子樵采以自给。司徒陆丽言于帝曰:"高允虽蒙宠待,而家贫,妻子不立。"帝曰:"公何不先言,今见朕用之(指拜允中书令),乃言其贫乎!"即日至允第,惟草屋数间,布被,缊袍,厨中盐菜而已。帝叹息,赐帛五百匹、粟千斛,拜长子悦为长乐太守。允固辞,不许。帝重允,常呼为令公而不名。

高允是汉文化的崇高结晶。像他这样的人多了,社会就美,国家便稳固,民族才有光彩。

直到孝文帝太和八年(484)才有俸禄之制;该年九月,魏主下诏"班禄以十月为始,季别受之"。办法是增加人民的租调,羊毛出自羊身上。《资治通鉴》卷一三六说:

魏旧制：户调帛二匹，絮二斤，丝一斤，谷二十斛；又入帛一匹二丈，委之州库，以供调外之费；所调各随土之所出。丁卯，诏曰："置官班禄，行之尚矣；自中原丧乱，兹制中绝。朕宪章旧典，始班俸禄。户增调帛三匹，谷二斛九斗，以为官司之禄；增调外帛二匹。禄行之后，赃满一匹者死。变法改度，宜为更始，其大赦天下。"

正式颁行俸禄制度之后，官吏按季受禄；规定颁禄之后，贪赃满绢一匹（约值二百钱）的要判处死刑。接着在颁布均田令时，又规定地方官吏从刺史到县令，按官职高低分别授给公田六至十五顷，作为俸田，不得买卖，离职时移交给下一任官吏。官吏俸禄制度的颁行，颇有助于遏制贪污的风气，从而为其他重要改革的推行，创造了有利的条件。

《魏书·食货志》："诸宰民之官，各随地给公田。刺史十五顷，太守十顷，治中别驾各八顷，县令、郡丞六顷。更代相付，卖者坐如律。"同书："魏初至于太和，钱货无所周流，高祖始诏天下用钱焉。十九年（495），冶铸粗备，文曰'太和五铢'，诏京师及诸州镇皆通行之。内外百官禄皆准绢给钱，绢匹为钱二百。"因为要按时发放薪金，钱币也就变成必需品了。

"魏初，民间皆不用钱。高祖太和十九年，始铸太和五铢钱，遣钱工在所鼓铸……魏尚书崔亮奏请于王屋等山采铜铸钱，从之。"（《资治通鉴》卷一四八）这说明晋豫交界的王屋山，在古代曾经产铜。

《魏书·食货志》：

太和八年（484），始准古班百官之禄，以品第各有差。先是，天下户以九品混通，户调帛二匹、絮二斤、丝一斤、粟二十石；又入帛一匹二丈，委之州库，以供调外之费。至是，户增帛三匹、粟二石九斗，以为官司之禄。后增调外帛满二匹。所调各随其土所出。其司、冀、雍、华、定、相、泰、洛、豫、怀、兖、陕、徐、青、齐、济、南豫、东兖、东徐十九州，贡绵绢及丝；幽、平、并、肆、岐、泾、荆、凉、梁、汾、秦、安、营、豳、夏、光、郢、东秦，司州万年、雁门、上谷、灵丘、广宁、平凉郡，怀州邵上郡之长平、白水县，青州北海郡之胶东县、平昌郡之东武、平昌县，高密郡之昌安、高密、夷安、黔陬县，泰州河东之蒲坂、汾阴县，东徐州东莞郡之莒、诸、东莞县，雍州冯翊郡之莲芍县，咸阳郡之宁夷县，北地郡之三原、云阳、铜官、宜君县，华州华山郡之夏阳县，徐州北济阴郡之离狐、丰县，东海郡之赣榆、襄贲县，皆以麻布充税。

这对当时北方绵、绢、丝、麻布产区的地理分布，留下了有价值的记录。

北魏统一北方前后，人民所负担的运输劳役也很重，甚至妨碍农事。关于这点，太武帝拓跋焘自己也承认。《魏书·世祖纪》："频年屡征，有事西北，运输之役，百姓勤劳，废失农业"。同书记载孝文帝太和六年（482），北魏要和南齐战争，于是"七州之民既有征运之劳"。而翌年又诏青、齐、光、东徐四州民户每户运粮二十石送瑕丘、琅邪。而在迁都洛阳之前，每年要运输大批租调去代京。当时凡居处距离代京千里以外的人民，要自己负责把租调运送到平城。交纳粮食的时间既很集中，入库之前又需要经过各种验收手续。官府工作效率低，要耽误许多时间，交粮者只得设法行贿，力争及早办完交纳以便回家，终于造成"远近大为困弊"的局面。这也构成孝文帝迁都洛阳的原因之一。

明元帝拓跋嗣泰常六年（421）二月，"调民二十户输戎马一匹、大牛一头……（三月）乙亥，制六部民，羊满百口输戎马一匹"。太武帝拓跋焘始光二年（425）五月，诏天下十家发大牛一头，运粟塞上。始光四年（427），"赫连昌遣其弟平原公定率众二万向长安，帝闻之，乃遣就阴山伐木，大造攻具"。阴山山脉深处富有森林，古书上不断提到。

史书还多处记载官府征发民户车、牛、驴、马，以及强迫大量劳动力担任运夫的事；在这一方面，北方的人民真比南方水网地带的百姓辛苦得多，特别是南北交战的时候。《魏书·食货志》："仍世经略江淮，于是转运中州，以实边镇，百姓疲于道路。"当时北方各个军镇之间，每每往来运粮，互相接济。薄骨律镇（今宁夏灵武市）镇将刁雍曾说，从该镇运粮去沃野镇（今内蒙古河套平原西段），路程八百里，每车载谷二十石，"百余日乃得一返，大废生民耕垦之业"。繁重的运役，甚至逼得人民自杀！《魏书·崔光传》："东州转输，往多无还，百姓困穷，绞缢以殒。"

《魏书·食货志》：

> 自徐、扬内附之后，仍世经略江淮，于是转运中州，以实边镇，百姓疲于道路。乃令番戍之兵，营起屯田，又收内郡兵资与民和籴，积为边备。有司又请于水运之次，随便置仓，乃于小平、石门、白马津、漳涯、黑水、济州、陈郡、大梁凡八所，各立邸阁，每军国有须，应机漕引。自此费役微省。

北朝时代汉族人民所受灾难深重，不断的战火、异族的蹂躏，使他们流离失所，无以为生。只有从5世纪中叶到6世纪初年的60年左右，有一段承平的日子。但到了北魏末年，又是战祸连绵，农耕荒废，民不聊生。《魏书·卢昶传》："兵革屡动，荆扬二州，屯戍不息，钟离义阳，师旅相继；兼荆蛮凶狡，王师薄伐……汝颖之地，率户从戎。河冀之境，连丁转运。又战不必胜，加之退负；死丧离旷，十室而九，细役烦徭，日月滋甚……致使通原遥畛，田芜罕耘。"

兵役一直是官府加在人民身上的一项重大负担。它在形式上虽有征发和招募的区别，实际上皆属强迫的服役。北魏初年的军兵大抵是鲜卑族人。到太武帝拓跋焘时，常有"发天下兵""发州郡兵"的记载，开始较多地征用汉人为步兵，而由鲜卑人任骑兵，承担战斗的主力。据《宋书·柳元景传》所载，在南北战争中，刘宋所俘虏的魏兵，有不少是河内的汉族农民。孝文帝延兴三年（473），为了准备进击南朝刘宋，"州郡之民，十丁取一以充行"。迁都洛阳之后，又"选天下武勇之士十五万人为羽林、虎贲，以充宿卫"。宣武帝元恪时，为了和南朝梁国交战，景明四年（503）"发冀、定、瀛、相、并、济六州二万人；马千匹，增配寿春"。正始三年（506），他又"发定、冀、瀛、相、并、肆六州十万人以济南军"。寿春即今安徽省的寿县，南北朝时为一极重要的战略据点。

北魏征调州郡兵的数量常很大，几乎使人民难以负担。孝文帝太和二十一年（497）六月，"诏冀、定、瀛、相、济五州发卒二十万，将以南讨"。隔年，也就是他因战争劳瘁而死的那年四月，《魏书·高祖纪》还记载了"发州郡兵二十万人"，准备同南齐交战。他不知道自己没有击败南齐的可能，徒然辛苦了他统治下的人民！

孝文帝太和十年（486），拓跋宏20岁，出类拔萃的皇帝真正成熟了。就在这一年，北魏进行了一连串的汉化改革。《资治通鉴》卷一三六齐武帝永明四年（486）："春正月，癸亥朔，魏高祖朝会，始服衮冕。"二月建立三长之制。"夏四月，辛酉朔，魏始制五等公服；甲子，初以法服、御辇祀南郊。"公服是在朝廷上穿着的制服，五等即朱、紫、绯、绿、青，法服则为衮冕以见郊庙之服，道地汉文化的产物。"八月乙亥，魏给尚书五等爵已上朱衣，玉佩，大小组绶。九月辛卯，魏作明堂、辟雍……是岁，魏改中书学曰国子学。"分置州郡，凡三十八州，二十五州在黄河以南，十三州在黄河之北。北魏先置中书博士及中书学生，现在改为国子学，这是改从晋代制度。同书指出翌年春正月"丁亥朔，魏主诏定乐章，非雅者除之"。

公元487年，孝文帝太和十一年，魏国春夏大旱，特别是平城一带；加以牛疫，民馁死者多。齐州刺史韩麒麟上表：

今京师民庶，不田者多，游食之口，三分居二。自承平日久，丰穰积年，竞相矜夸，遂成侈俗。贵富之家，童妾袨服，工商之族，仆隶玉食；而农夫阙糟糠，蚕妇乏短褐。故今耕者日少，田有荒芜；谷帛罄于府库，宝货盈于市里；衣食匮于室，丽服溢于路。饥寒之本，实在于斯。愚谓凡珍异之物，皆宜禁断；吉凶之礼，备为格式；劝课农桑，严加赏罚。数年之中，必有盈赡。往年校比户贯，租赋轻少。臣所统齐州，租粟才可给俸，略无入仓；虽于民为利而不可长久，脱有戎役，或遭天灾，恐供给之方，无所取济。可减绢布，增益谷租；年丰多积，岁俭出赈。所谓私民之谷，寄积于官；官有宿积，则民无荒年矣。

"秋七月己丑，诏有司开仓赈贷，听民出关就食。遣使者造籍，分遣去留，所过给粮廪，所至三长赡养之。"这时"三长之制"刚刚建立，孝文帝就使用上了。

草原上的游击劫掠虽持续存在，包括柔然的犯边，以及公元488年遣兵击百济，为百济所败等，但在孝文帝太和前后五六十年间，北魏局势承平，才能从事政治改革，并加速汉化。《资治通鉴》卷一三六公元487年："是时，魏久无事，府藏盈积。诏尽出御府衣服珍宝，太官杂器、太仆乘具、内库弓矢刀铃十分之八，外府衣物、缯布、丝纩，非供国用者，以其太半班赉百司，下至工商皂隶，逮于六镇边戍，畿内鳏、寡、孤、独、贫、癃，皆有差。"[1]

---

[1] 癃为疲病之意。

临时的救济及恩赐解决不了问题。不断巡行的皇帝比较容易知道人民大众的疾苦。孝文帝年幼时,是由冯太皇太后带着走的。太皇太后极为精明,她会较早地觉察到国家所隐伏着的问题,必然有机会和亲信的大臣如李冲等人讨论,想出应付的办法,然后以孝文帝的名义颁发诏书。

他在太和元年(477),才11岁时,春正月辛亥就曾经下诏:"今牧民者,与朕共治天下也。宜简以徭役,先之劝奖,相其水陆,务尽地利,使农夫外布,桑妇内勤。若轻有征发,致夺民时,以侵擅论。民有不从长教,惰于农桑者,加以罪刑。"三月丙午又下诏:"其敕在所督课田农,有牛者加勤于常岁,无牛者倍庸于余年。一夫制治田四十亩,中男二十亩。无令人有余力,地有遗利。"因为上一年曾发生牛疫,死伤了大半。

"(二年春)二月丁亥,行幸代之汤泉。所过问民疾苦,以宫人赐贫民无妻者。"如果这些年老色衰的宫人缺乏建国初期的劳动生产习惯,叫贫民们如何养得起呢?

太和二年(478)五月下诏:

> 婚娉过礼,则嫁娶有失时之弊;厚葬送终,则生者有糜费之苦。圣王知其如此,故申之以礼数,约之以法禁。乃者,民渐奢尚,婚葬越轨,致贫富相高,贵贱无别。又皇族贵戚及士民之家,不惟氏族,下与非类婚偶。先帝亲发明诏,为之科禁,而百姓习常,仍不肃改。朕今宪章旧典,祗案先制,著之律令,永为定准。犯者以违制论。

同年冬十一月庚戌，他又下诏：

> 悬爵于朝，而有功者必糜其赏；悬刑于市，而有罪者必雁其辜。斯乃古今之成典，治道之实要。诸州刺史，牧民之官，自顷以来，遂各怠慢，纵奸纳赂，背公缘私，致令贼盗并兴，侵劫兹甚，奸宄之声屡闻朕听。朕承太平之运，属千载之期，思光洪绪，惟新庶绩；亦望蕃翰群司敷德宣惠，以助冲人，共成斯美。幸克己复礼，思怨改过，使寡昧无愧于祖宗，百姓见德于当世。有司明为条禁，称朕意焉。

"三年二月辛巳，帝、太皇太后幸代郡温泉，问民疾苦，鳏贫者以宫女妻之。己亥，还宫。"这一年（479）南朝萧道成废宋主刘准而建立齐朝，改元建元。

九年（485）八月诏：

> 数州灾水，饥馑荐臻，致有卖鬻男女者。天之所谴，在予一人，而百姓无辜，横罹艰毒，朕用殷忧夕惕，忘食与寝。今自太和六年（482）已来，冀定、冀、幽、相四州饥民良口者，尽还所亲；虽娉为妻妾，遇之非理，情不乐者亦离之。

司马光《资治通鉴》一再说北魏历代富盛，富的是政府，人民大众并不经常普遍富裕。

八　三长制与均田制

当太武帝拓跋焘以绝对优势的兵力完全削平北方的割据部族和坞堡，黄河流域重归统一之后，草原帝国的发展进入了另一阶段。文治受到了较大的注意，接班的文成帝拓跋濬（452—465年在位）和献文帝拓跋弘（465—470年在位），又渐次制服了北方的大敌柔然。[1]他们认为不再有后顾之忧，又想起要征服南朝；似乎无视于南朝有长江和淮河的双重天险，也忘记了苻坚在淝水之战的惨败以及拓跋焘南征的无功而返。但北魏这个时期的多次南征，确曾从南朝取得一些州郡。例如：

文成帝拓跋濬太安三年（457），宋孝武帝刘骏大明元年，侵刘宋破兖州；献文帝拓跋弘皇兴元年（467），宋明帝刘彧泰始三年，侵宋青州，取淮北、淮西地；献文帝拓跋弘皇兴三年（469），宋明帝刘彧泰始五年，取宋青州；孝文帝拓跋宏太和五年（481），齐高帝萧道成建元三年，取齐徐州。

此等拉锯式的较小规模战争，对南北朝形势起不了大的影响，双方的力量好像已经胶着了。从这个时候起，北魏政

---

[1]《南齐书》卷五七《魏虏传》："佛狸已来，稍僭华典，胡风国俗，杂相揉乱……王肃为虏制官品百司，皆如中国。"佛狸系指拓跋焘。

府开始转向内部的改革。改革运动需要有理想、有知识、有气魄的人物,这时候的关键人物是冯太后、李冲和孝文帝拓跋宏等。讨论孝文时代最重要的改革,必须先对这三个人有所认识。

冯太后在《魏书·皇后列传》中被称为文明皇后,死后谥"文明太皇太后"。此一谥号很有意思:大致在文明太后执政时期,这个野蛮的草原王朝,才开始文明起来。她是冀州长乐郡信都县人,即今河北省冀县(编者注:今衡水市冀州区)。但她出生在长安,原属北燕的皇族。父亲冯朗,在北燕尚未亡国时已归附北魏(太武帝拓跋焘延和元年,即公元432年降魏),曾任秦州、雍州刺史,封西城郡公(按《魏书·地形志》无西城郡,疑记载有误)。后来冯朗因事被杀,女儿没入宫掖。幸因她的姑母是太武帝拓跋焘的左昭仪,赖其抚养教导。文成帝拓跋濬即位,她14岁,被选为贵人,后立为皇后。《魏书》接着记载:"高宗崩,故事:国有大丧,三日之后,御服器物一以烧焚,百官及中宫皆号泣而临之。后悲叫自投火中,左右救之,良久乃苏。"说明她作为皇后,对皇帝丈夫的情爱坚贞。当时她27岁。

《资治通鉴》卷一二八宋孝武帝孝建三年(456):"(春正月)乙卯,魏立贵人冯氏为皇后。后,辽西郡公朗之女也。"

她可能是整个南北朝最能干的太后,《魏书·皇后列传》以她的部分最详尽,接着说:"显祖(献文帝拓跋弘,生母为李贵人,依故事赐死)即位,尊为皇太后。丞相乙浑谋逆,显祖年十二,居于谅暗,太后密定大策,诛浑,遂临朝听政。及高祖（孝文帝拓跋宏，生母为李贵人，后谥为思皇后）生，太后躬亲抚养。"她从献文帝天安元年（466）诛车骑大将军、太原王乙浑而执政，直到太和十四年（490）逝世，统治北魏长达24年。其间曾追封其父冯朗为燕宣王，立庙长安；又在其祖国故都龙城建"思燕佛图"，皆刊石立碑。她大权在握时期曾经有不少男宠，包括李奕、李冲等，但她生活朴素而并不浪漫。她宠爱像李冲这样出身名门、学问广博、人品高尚、仪容俊美之人，表示她的恋爱是有所选择的，比起她的后辈武则天来，高明多了。

同书称赞她生性俭素，不好华饰，躬御缦缯而已。生前预择墓地，死后葬在方山，而不葬金陵，也可说有自知之明。

> 自太后临朝专政，高祖（孝文帝）雅性孝谨，不欲参决，事无巨细，一禀于太后。太后多智略，猜忍，能行大事，生杀赏罚，决之俄顷，多有不关高祖者。是以威福兼作，震动内外……王叡出入卧内，数年便为宰辅，赏赉财帛以千万亿计，金书铁券，许以不死之诏。李冲虽以器能受任，亦由见宠帷幄，密加锡赉，不可胜数。后性严明，假有宠待，亦无所纵。左右纤介之愆，动加捶楚，多至百余，少亦数十。然性不宿憾，寻亦待之如初，或因此更加富贵。是以人人怀于利欲，至死而不思退。太后曾与高祖幸灵泉池，燕群臣及藩国使人、诸方渠帅，各令为其方舞。高祖帅群臣上寿，太后忻然作歌，帝亦和歌；遂命群臣各言其志，于是和歌者九十人……

又自以过失,惧人议己;小有疑忌,便见诛戮。迄后之崩,高祖不知所生。[1]

其后千数百年,女人治国的能力和成绩,只有唐代的武则天差可和冯太后比拟。她的陵墓名永固陵,太和五年(481)开始营建,太和八年(484)完成,刊石立碑,颂太后功德。

《资治通鉴》卷一三四:"太后性聪察,知书计,晓政事,被服俭素,膳羞减于故事什七八;而猜忍多权数。高祖性至孝,能承颜顺志,事无大小,皆仰成于太后。太后往往专决,不复关白于帝。所幸宦者高平王琚、安定张祐、杞嶷、冯翊王遇、略阳苻承祖、高阳王质,皆依势用事……赏赐巨万,赐铁券,许以不死。又,太卜令姑臧王叡得幸于太后,超迁至侍中、吏部尚书,爵太原公。秘书令李冲,虽以才进,亦由私宠,赏赐皆不可胜纪。"[2]

敦煌人李冲对北魏王朝的贡献以及得冯太后的亲信,可于立"三长之制"一事得到证明。北魏原无户口制度,民多

---

[1]《魏书》的记事多互相矛盾,此处说"迄后之崩,高祖不知所生"。但《高祖纪·第七上》却又说"(承明)元年(476)秋七月甲辰,追尊皇妣李贵人为思皇后"。野史也有说高祖拓跋宏,实为冯太后的私生子,但缺乏可靠证据。对于冯太后这样美丽能干,严格教导拓跋宏,使其能彻底推行汉化政策,迁都洛阳,成为中原之主的女子,中国文史界竟写不出一部关于她的好传记,真不可原谅!

[2] 太平真君三年(442)十二月,敦煌李宝遣使朝贡,封李宝为镇西大将军、开府仪同三司、沙州牧、敦煌公。此人就是后来孝文帝朝的重臣兼宠臣李冲之父。《魏书》卷三九有专传。

隐冒，三五十家才为一户。李冲建议："宜准古法：五家立邻长，五邻立里长，五里立党长，取乡人强谨者为之。邻长复一夫，里长二夫，党长三夫；三载无过，则升一等。其民调，一夫一妇，帛一匹，粟二石。大率十匹为公调，二匹为调外费，三匹为百官俸。此外复有杂调。民年八十已上，听一子不从役。孤独、癃老、笃疾、贫穷不能自存者，三长内迭养食之。"但多数大臣都反对，认为"九品差调，为日已久，一旦改法，恐成扰乱"。于是文明太后说："立三长，则课调有常准，苞荫之户可出，侥幸之人可止，何为不可？"在无人再敢反对的情势下，北魏王朝就采取了"三长制度"。"甲戌，初立党、里、邻三长，定民户籍。民始皆愁苦，豪强者尤不愿；既而课调省费十余倍，上下安之。"这显示了李冲的见识和冯太后的魄力。

《魏书》卷五三《李冲传》："高祖初，以例迁秘书中散，典禁中文事，以修整敏惠，渐见宠待。迁内秘书令、南部给事中。"因为立三长之制有功，又"迁中书令，加散骑常侍，给事中如故。寻转南部尚书，赐爵顺阳侯。冲为文明太后所幸，恩宠日盛，赏赐月至数千万，进爵陇西公。密致珍宝御物以充其第，外人莫得而知焉……是时循旧，王公重臣皆呼其名。高祖常谓冲为中书而不名。文明太后崩后，高祖居丧，引见待接有加。及议礼仪律令，润饰辞旨，刊定轻重，高祖虽自下笔，无不访决焉。冲竭忠奉上，知无不尽，出入忧勤，形于颜色，虽旧臣戚辅，莫能逮之，无不服其明断慎密而归心焉。于是天下翕然，及殊方听望，咸宗奇之。高祖亦深相杖信，亲敬弥甚，君臣之间,情义莫二"。[1]

由于地方官吏的普遍"纵富督贫,避强侵弱"(《魏书·世祖纪》),利用职权从中渔利,于是租调和徭役,几乎全部都由普通农民负担。州郡县各级官吏,皆可直接派人向农民征收租调。发调的时节,有些农户绵、绢、丝不足,就得向市场购买,而商人又乘机提高绵绢丝价格。官吏还常常勾结商人,逼迫农民借贷,共同分享高利。许多农民因此破产逃亡,投靠宗族豪门,成为他们的隐附户口。逃亡农户的租调要由邻近农户代缴,

---

[1] 在中国历史上,君臣关系之良好、感情之深切,绝少超越孝文帝和李冲的,这自然有其特殊渊源。《魏书》称李冲机敏有巧思,勤志强力,孜孜无怠,旦理文簿,兼营匠制,几案盈积,剖劂在手,终不劳厌也。年才四十,而鬓发斑白,姿貌丰美,未有衰状。"车驾南伐,以冲兼左仆射,留守洛阳。"足见孝文帝对他的充分信任。但498年竟因被提拔的李彪傲慢侫暴,气愤伤肝,十多天便死了,年四十九岁,和宠爱他的冯太后死时年龄相同。该年三月,魏主南伐临沔水,望襄阳,乃去,如湖阳;辛亥,如悬瓠。他得报李冲逝世,极度痛心,为元举衰于悬瓠,发声悲泣,不能自胜。诏曰:"冲贞和资性,德义树身,训业自家,道素形国。太和之始,朕在弱龄,早委机密,实康时务,鸿渐瀍洛,朝选开清,升冠端右,惟允出纳,忠肃柔明,足敷睿范,仁恭信惠,有结民心。可谓国之贤也……可赠司空公,给东园秘器、朝服一具、衣一袭,赠钱三十万、布五百匹、蜡二百斤。"有司奏谥曰文穆,葬于覆舟山,近杜预冢,高祖之意也。后车驾自邺还洛,路经冲墓,左右以闻,高祖卧疾望坟,掩泣久之。诏曰:"司空文穆公,德为时宗,勋简朕心,不幸徂逝,托坟邙岭,旋銮覆舟,躬睇茔域,悲仁恻旧,有恸朕衷。可遣太牢之祭,以申吾怀。"及与留京百官相见,皆叙冲亡没之故,言及流泪。翌年四月,孝文帝也因征战过劳死于谷塘原,年三十三。草原帝国从此衰腐、分裂而终于灭亡。

这样就迫使更多的农民逃亡。由于大批农民成为豪强的隐附户口，户数的统计便无从准确。《魏书》说大户的人口数，每多达三十至五十人，使得政府租赋的收入大大减少。孝文帝延兴三年（473），中央政府派人到各地搜查户口，仅青州和冀州等五个州便查出隐附人口十多万。

三长制和均田制是双管齐下式的社会、经济改革，要清理户口及整顿地籍。理论上是应该先清理户口，然后才可按户授田。唯《魏书》和其他史料，都没有指出这两大政策的明确的或一致施行日期，特别是三长制。颁发诏书的日期，也不一定便是实施的日期。个人认为建立三长在先，行均田在后，以孝文帝的急性子，时间可能很接近，立三长在公元485年上半年，行均田在公元485年年底。

史书多数说孝文帝在太和九年（485）采纳李安世的建议，实施均田制，而于翌年才推行三长制。唯《魏书》卷五三《李孝伯传附李安世传》：

> 窃见州郡之民，或因年俭流移，弃卖田宅，漂居异乡，事涉数世。三长既立，始返旧墟，庐井荒毁，桑榆改植。事已历远，易生假冒。强宗豪族，肆其侵凌，远认魏晋之家，近引亲旧之验。又年载稍久，乡老所惑，群证虽多，莫可取据。各附亲知，互有长短，两证徒具，听者犹疑，争论迁延，连纪不判。良畴委而不开，柔桑枯而不采，侥幸之徒兴，繁多之狱作。欲令家丰岁储，人给资用，其可得乎！愚谓今虽桑井难复，宜更均量，审其径术，令分

> 艺有准,力业相称,细民获资生之利,豪右靡余地之盈。则无私之泽,乃播均于兆庶;如阜如山,可有积于比户矣。又所争之田,宜限年断,事久难明,悉属今主。然后虚妄之民,绝望于觊觎;守分之士,永免于凌夺矣。

孝文帝加以采纳,接着有"后均田之制起于此矣"之句。这说明立三长在先,建议行均田在后。事实上也只有校正了户籍之后,才可能按户口奴婢牛只分配田地。多数史书刊载两事先后有误。

自从西晋末年以来,北方遭受长期战乱,人民流离死亡,出现了大批无主的荒地。拓跋鲜卑进入中原,掳掠人口,大规模强制人民迁徙,兼以许多土地的主人因犯罪流配,于是土地荒芜的现象更加严重。等到社会秩序逐渐恢复安定,流亡人户返回乡里。无地的农民自行开垦无主的荒地,豪强也乘机霸占,使土地关系紊乱,产权纠纷层出不穷。豪强地主情愿让大批侵占的土地荒着,也不肯分给农民耕种。农民得不到土地,无法谋生,或成为豪强者的隐户,或流亡山泽聚众作乱,形成恶性循环。无业游民所走的两条路都威胁着拓跋氏政权,故均田制的产生,实有其特定的历史地理背景。

计口授田的办法,早在太祖道武帝拓跋珪和太宗明元帝拓跋嗣执政时便零星实行过。例如天兴元年(398)二月,车驾从中山幸繁畤宫,更选屯卫。诏给内徙新民耕牛,计口授田。永兴五年(413),也有"置新民于大宁川,给农器,计口受田"的记载。太和元年(477)孝文帝在诏书中也曾重申课田之令:

"一夫制治田四十亩,中男二十亩。无令人有余力,地有遗利。"这当然不会是孝文帝拓跋宏本人的命令,而是冯太皇太后借他的名义颁发的,因为他当时还只有11岁。

《魏书》卷一一〇《食货志》:

> 太祖定中原,接丧乱之弊,兵革并起,民废农业。方事虽殷,然经略之先,以食为本,使东平公仪垦辟河北,自五原至于栖阳塞外为屯田……既定中山,分徙吏民及徒何种人、工伎巧十万余家以充京都,各给耕牛,计口授田。天兴初,制定京邑,东至代郡,西及善无,南极阴馆,北尽参合,为畿内之田;其外四方四维,置八部帅以监之,劝课农耕,量校收入,以为殿最。又躬耕籍田,率先百姓。

这说明早在正式建国之初,也便是拓跋珪时代,便感觉农耕的重要。

认真普遍推行均田制,是太和九年(485)的事。这一年的十月丁未,正式颁布了均田令,以国家的名义对土地实施分配和调整。当时孝文帝所下的诏书曰:

> 朕承乾在位十有五年。每览先王之典,经纬百氏,储畜既积,黎元永安。爰暨季叶,斯道陵替,富强者并兼山泽,贫弱者望绝一廛;致令地有遗利,民无余财。或争亩畔以亡身,或因饥馑以弃业,而欲天下太平,百姓丰足,

安可得哉?今遣使者,循行州郡,与牧守均给天下之田,还受以生死为断,劝课农桑,兴富民之本。

《魏书》卷一一〇《食货志》,对太和九年"均给天下之田"的诏有比较详细的说明:

> 诸男夫十五以上,受露田(不栽树木的田)四十亩,妇人二十亩,奴婢依良。丁牛一头受田三十亩,限四牛。所授之田率倍之,三易之田再倍之,以供耕作及还受之盈缩。诸民年及课则受田,老免及身没则还田。奴婢、牛随有无以还受。

最后一句是说拥有奴婢和耕牛的人,可额外获得土地。奴婢受田的办法同普通农民一样,人数不限。

> 诸桑田不在还受之限,但通入倍田分。于分虽盈,没则还田,不得以充露田之数,不足者以露田充倍。诸初受田者,男夫一人给田二十亩,课莳余,种桑五十树,枣五株,榆三根。非桑之土,夫给一亩,依法课莳榆、枣。奴各依良。限三年种毕,不毕,夺其不毕之地。于桑榆地分杂莳余果及多种桑榆者不禁。诸应还之田,不得种桑榆枣果,种者以违令论,地入还分。诸桑田皆为世业,身终不还,恒从见口。有盈者无受无还,不足者受种如法。盈者得卖其盈,不足者得买所不足。不得卖其分,亦不得买过所足。

可见当时桑枣在北方很普遍，榆树则有供应木材、柴炭和防风的作用，也很重要。

均田制为中国古代土地政策中的一种重要措施，它对安定社会秩序，恢复和发展农业生产有巨大贡献。从北魏开始，经过北齐和北周，以致隋唐两代；制度的具体内容虽有若干改变，但一直被沿袭施行，并在广大的地区有不同程度的效益。作为封建时代土地所有制的一项形式，均田制在中国持续了将近300年，直到唐代中叶才告终止。而孝文帝是全面推行均田制的第一人。

上文提到的隋唐两代的均田和租调之制，多沿袭北魏。[1]兹引《隋书》及《旧唐书》记载数则以为佐证：

《隋书·食货志》：

> 高祖登庸，罢东京之役，除入市之税……及颁新令，制人五家为保，保有长。保五为闾，闾四为族，皆有正。畿外置里正，比闾正，党长比族正，以相检察焉……自诸

---

[1] 《隋书·食货志》："后周（指北朝末期的北周）太祖作相，创制六官。载师掌任土之法，辨夫家田里之数，会六畜车乘之稽，审赋役敛弛之节，制畿疆修广之域，颁施惠之要，审牧产之政。司均掌田里之政令。凡人口十已上，宅五亩；口九已上，宅四亩；口五已下，宅三亩。有室者，田百四十亩，丁者田百亩。司赋掌功赋之政令。凡人自十八以至六十有四，与轻癃者，皆赋之。其赋之法，有室者，岁不过绢一匹，绵八两，粟五斛；丁者半之。其非桑土，有室者，布一匹，麻十斤。丁者又半之。丰年则全赋，中年半之，下年一之，皆以时征焉。"隋朝大部分典章制度，事实上皆承袭北魏太和文化。

王已下,至于都督,皆给永业田,各有差。多者至一百顷,少者至四十亩。其丁男、中男永业露田,皆遵后齐(北齐)之制。并课树以桑榆及枣……桑土调以绢绝,麻土以布绢。

同书同卷:

其方百里外及州人,一夫受露田八十亩,妇四十亩,奴婢依良人,限数与在京百官同。丁牛一头,受田六十亩,限止四牛。又每丁给永业二十亩,为桑田。其中种桑五十根,榆三根,枣五根。不在还受之限。非此田者,悉入还受之分。土不宜桑者,给麻田,如桑田法。

《旧唐书》卷四八《食货志》:

武德七年(624),始定律令。以度田之制:五尺为步,步二百四十为亩,亩百为顷。丁男、中男给一顷,笃疾、废疾给四十亩,寡妻妾三十亩。若为户者加二十亩。所授之田,十分之二为世业,八为口分。世业之田,身死则承户者便授之;口分,则收入官,更以给人。赋役之法:每丁岁入租粟二百。调则随乡土所产,绫绢绝各二丈,布加五分之一。输绫绢绝者,兼调绵三两;输布者,麻三斤。凡丁,岁役二旬。若不役,则收其佣,每日三尺。有事而加役者,旬有五日免其调,三旬则租调俱免。通正役,并不过五十日。若岭南诸州则税米,上户一石二斗,次户八斗,下户六斗。若夷獠之户，皆从半输……凡水旱虫霜为灾，十分损四已上免租，损六已上免调，损七已上课役俱免。

凡天下人户，量其资产，定为九等。每三年，县司注定，州司覆之。百户为里，五里为乡。四家为邻，五家为保。在邑居者为坊，在田野者为村。村坊邻里，递相督察。士农工商，四人各业。食禄之家，不得与下人争利。工商杂类，不得预于士伍。男女始生者为黄，四岁为小，十六为中，二十一为丁，六十为老。

孝文帝不仅是南北朝出色的国君，并且也是全中国最著名的皇帝之一。他出生于皇兴元年（467）秋八月戊申，是献文帝拓跋弘的长子（拓跋弘出生于454年，为李贵人所生。他13岁就做了父亲）。当时北魏王朝的皇帝，死得都早，寿命都不长。拓跋宏在皇兴三年六月立为皇太子，而他的父亲献文帝拓跋弘，因为和冯太后之间有摩擦，精神受抑制，做了5年皇帝就将帝位让给儿子。《魏书》说"帝雅薄时务，常有遗世之心，欲禅位于叔父京兆王（拓跋）子推……群臣固请，帝乃止"。于是传位幼儿，下诏："朕承洪业，运属太平，淮岱率从，四海清晏。是以希心玄古，志存淡泊。躬览万务，则损颐神之和；一日或旷，政有淹滞之失。但子有天下，归尊于父；父有天下，传之于子。今稽协灵运，考会群心，爰命储宫，践升大位。朕方优游恭己，栖心浩然，社稷乂安，克广其业，不亦善乎？百官有司，其祗奉胤子，以答天休。宣布宇内，咸使闻悉。"他17岁就当了太上皇帝，徙御崇光宫。但仍过问军国大事。北边的敌人柔然犯边，他亲征把柔然赶跑。做皇帝的儿子每月一朝崇光宫。延兴三年（473）正月改崇光宫为宁光宫。但他只做了6年太上皇，到承明元年（476）亦即延兴六年便死了，年仅23岁。据说是被冯太后鸩毒死的。《魏书》只提7个字："辛未，太上皇帝崩。"接着是："尊皇太后为太皇太后，临朝称制。"宫廷内争，外间不易明了真相。《魏书·天象志》说："上迫于太后，传位太子。"若果真是太后逼其退位，则必然剥夺他的一切大权，安得仍可过问军国大事？可能是此人对皇位没有兴趣，中国历史上也不乏前后的实例。

《资治通鉴》卷一三三宋明帝泰始七年（471）："魏显祖聪睿夙成，刚毅有断，而好黄、老、浮屠之学，每引朝士及沙门共谈玄理，雅薄富贵，常有遗世之心。以叔父中都大官京兆王子推沈雅仁厚，素有时誉，欲禅以帝位。"同时他迁居崇光宫，设备简陋；在北苑之中，却在西山建筑了一座鹿野浮图，与禅僧居之。可见他信奉佛教已到了颇深的程度。

拓跋弘的父亲是拓跋濬，他正是曾经严禁佛教的太武帝拓跋焘的世嫡皇孙，在正平二年（452）继位后，当年改元为兴安元年，当年十二月乙卯，他就恢复了佛法。而他的儿子拓跋弘，两年后诞生。《资治通鉴》卷一二六宋文帝元嘉二十九年（452）："魏世祖（太武帝）晚年，佛禁稍弛，民间往往有私习者。及高宗（文成帝拓跋濬）即位，群臣多请复之。乙卯，诏州郡县众居之所，各听建佛图一区；民欲为沙门者，听出家，大州五十人，小州四十人。于是向所毁佛图，率皆修复。魏主亲为沙门师贤等五人下发，以师贤为道人统。"文成帝显然对佛教有好感,他的信佛可能影响到了拓跋弘。[1]

和《魏书》及南朝各史书比较,《资治通鉴》的论点较为中肯,但也并非全部正确。关于拓跋弘少年禅位事,该书卷一三三有如下的记载:

> 时太尉源贺督诸军屯漠南,驰传召之。既至,会公卿大议,皆莫敢先言。任城王云,子推之弟也,对曰:"陛下方隆太平,临覆四海,岂得上违宗庙,下弃兆民。且父子相传,其来久矣。陛下必欲委弃尘务,则皇太子宜承正统。夫天下者,祖宗之天下;陛下若更授旁支,恐非先圣之意,启奸乱之心,斯乃祸福之原,不可不慎也。"源贺曰:"陛下今欲禅位皇叔,臣恐紊乱昭穆,后世必有逆祀之讥。愿深思任城之言。"……尚书陆馛曰:"陛下若舍太子,更议诸王,臣请刎颈殿庭,不敢奉诏!"帝怒,变色;以问宦者选部尚书酒泉赵黑,黑曰:"臣以死奉戴皇太子,不知其他。"帝默然。时太子宏生五年矣,帝以其幼,故欲传位子推。中书令高允曰:"臣不敢多言,愿陛下上思宗庙托付之重,追念周公抱成王之事。"帝乃曰:"然则立太子,群公辅之,有何不可!"又曰:"陆

---

[1] 拓跋弘的信教或喜欢佛教,还可以从皇兴四年(470)游幸石窟寺及鹿野苑得到一些线索。《魏书》记载皇兴四年秋八月,蠕蠕犯塞;九月丙寅,舆驾北伐,诸将俱会于女水,大破虏众。冬十二月甲辰,幸鹿野苑、石窟寺,《魏书》最早一次"行幸武州山石窟寺"的记载,见于皇兴元年(467)秋八月。

敝,直臣也,必能保吾子。"乃以敝为太保,与源贺持节奉皇帝玺绶传位于太子。丙午,高祖即皇帝位,大赦,改元延兴。

观察此项御前会议的言论,可知当时的北魏大臣,对于皇权甚为尊崇。这是日后孝文帝连串改革成功的基础,但得来不易。

在太武帝拓跋焘时代,汉化已深入拓跋氏统治阶层,拓跋焘本人也受到感染,当他征伐姑臧沮渠牧犍时,牧犍之母死去,葬以太妃之礼;又为武宣王沮渠蒙逊置守冢三十家。《资治通鉴》卷一二三宋文帝元嘉十六年(439):

> 凉州自张氏以来,号为多士(永嘉之乱,中州之人士避地河西,张氏礼而用之,子孙相承,衣冠不坠,故凉州号为多士)……魏主克凉州,皆礼而用之,以阚骃、刘昞为乐平王丕从事中郎……河内常爽,世寓凉州,不受礼命,魏主以为宣威将军……魏主以索敞为中书博士。时魏朝方尚武功,贵游子弟不以讲学为意。敞为博士十余年,勤于诱导,肃而有礼,贵游皆严惮之,多所成立,前后显达至尚书、牧守者数十人。常爽置馆于温水之右,教授七百余人;爽立赏罚之科,弟子事之如严君。由是魏之儒风始振。

文化能改造人,乃必然的事。

北魏王朝在中期以后,特别是迁都洛阳以后,和西方的贸易转盛；从葱岭以西直到东罗马帝国的沿途各国商人，纷纷前来中国经商，主要的商品包括宝石、香料、翠羽、琉璃和贵金属等。北魏在都城洛阳划出专门的市区，建造馆舍给番商居住。不少番商因喜爱中国的繁华富庶，就在洛阳长住。除一般的交通贸易外，北魏和西方还有外交上的联系。

早在文成帝拓跋濬太安元年（455），波斯的萨珊王朝就曾遣使东来；此后直到西魏时，不断有使节往还。在新疆吐鲁番的高昌古城和河南省陕县（编者注：今三门峡市陕州区）会兴镇附近刘家渠的一座隋墓里，先后发现了12枚萨珊王朝的银币；其中属于公元4世纪铸造的10枚，公元6世纪铸造的2枚。此等珍贵的货币，很可能就是由当时的使者或商人带来的。当时洛阳永桥南道东有白象、狮子二坊，里面有波斯和犍陀罗（今巴基斯坦北部白沙瓦一带）赠送的狮子和白象。由于相互交流频密，附带就出现了一些记载外国地理和风俗的著作。

九　迁都洛阳

把国都从平城搬到洛阳，是北魏王朝的一件大事，也是孝文帝元宏最宏伟的功业。在他之前，像拓跋猗卢、拓跋珪和拓跋焘等草原雄主，都有过把国都南迁的设想。当时他们心目中的对象主要为邺城。《魏书·太祖纪》说天兴元年（398）正月"帝至邺，巡登台榭，遍览宫城，将有定都之意"。明元帝拓跋嗣，曾在泰常八年（423）南巡，《魏书·太宗纪》泰常八年夏四月："遂至洛阳，观石经。"而统一华北、武功显赫的太武帝拓跋焘，在神䴥三年（430）九月，将其生母杜贵嫔（先追封为密皇后，后更尊为密皇太后。杜贵嫔乃邺城人氏）的神庙建在邺城而不建在平城；太延元年（435）十一月幸邺，祀密太后庙，也似乎曾有迁都邺城的意图。

孝文帝是在太和十四年（490）九月冯太皇太后崩后才正式亲政，在此以前他没有显示迁都的意思。他还在方山太皇太后的永固陵旁边营建了自己的寿陵，表示孝顺。《资治通鉴》卷一三七齐武帝永明八年（490）："九月癸丑，魏太皇太后冯氏殂，高祖勺饮不入口者五日，哀毁过礼。"十月癸酉，葬文明太皇太后于永固陵。甲戌，帝谒陵；己卯，又谒陵。群臣请求节哀，奉行先朝旧典。孝文帝回答："朝夕食粥，粗可支任，诸公何足忧怖！祖宗情专武略，未修文教；朕今仰禀圣训，庶习古道，论时比事，又与先世不同。"第二年正月丁卯，帝始听政于皇信东室。三月甲辰，车驾谒永固陵。夏四月癸亥，帝始进蔬食。乙丑，又谒永固陵。己卯，经始明堂，改营太庙。秋七月乙丑，谒永固陵，规建寿陵。十年（492）九月辛未，帝以文明太皇太后再周忌日，哭于陵左，绝膳二日，哭不辍声。他对这位抚养他和督导他的假祖母，又敬又爱又畏惧。太皇太后无意迁都，他绝不会提起。但第二年他突然借南伐之名而决定迁都了。

自从道武帝天兴元年（398）七月"迁都平城，始营宫室"算起，平城作为北魏的国都已将近百年[1]。现在一下子要把它向南搬徙1000多里，并非易事。一个刚亲政的青年皇帝，面对满朝元老重臣，要他们离开长期活动的京城，搬到一处气候很不相同的地方，显然多不愿意。何况同时又下诏禁穿胡服、说胡语，改姓氏以及死后不得归葬，进行一连串雷厉风行的改革，必然会受到很多人的反对。就草原帝国而言，平城是个颇适中的控制中枢。但已完全汉化了的孝文帝志不在此，他的血管中流着汉人热血；他要入主中原，彻底解除因文化差异所引起的民族矛盾，做一个传统的中国式皇帝。

在中国所有古代的都城中，文化的混杂莫甚于平城者。《南齐书·魏虏传》所说的"稍僭华典，胡风国俗，杂相揉乱"是可以拿来形容当时平城的文化景观的。孝文帝也曾想在平城已

---

[1] 如果从拓跋猗卢六年（313）"城盛乐以为北都，修故平城以为南都"算起，则平城作拓跋魏的都城，至此已经180年了。

有的基础上，加以改革。在他亲政前后数年，进行了一些扩建和改造，灌注传统的汉文化。但他发现保守势力反对汉化的潜力甚大，他们要保留草原粗野的气息，不愿意被汉族同化。连上述"立三长"那种显而易见的有益改革，他们都连声反对；只有当冯太后亲口表示支持，才得到实施，其他就可想而知了。

孝文帝明白这种巨大压力的存在，将会阻碍他实施改革。如不设法摆脱此一环境，即使加倍努力，也将事倍功半。所以他才突然决定迁都，远离保守派的基地而另行建设一个政治中心；这和民国初年放弃北京而另在南京建设新都，颇有相似之处。孝文帝是太和十四年亲政的（准确地说是十五年正月），试将亲政前三年和后三年共计七年的大事条列于下。在前六年之中完全找不到迁都意图的任何痕迹时，你就会感觉太和十七年（493）的行动很突然了。

太和十一年（487）春正月丁亥朔，诏定乐章，非雅者除之。秋七月己丑，诏曰："今年谷不登，听民出关就食，遣使者造籍，分遣去留，所在开仓赈恤。"九月庚戌，诏曰："去夏以岁旱民饥，须遣就食，旧籍杂乱，难可分简，故依局割民，阅户造籍，欲令去留得实，赈贷平均。"十月辛未，诏罢起部无益之作，出宫人不执机杼者。十二月，诏秘书丞李彪、著作郎崔光改析国记，依纪传之体。是岁大饥，诏所在开仓赈恤。北方的旱农，生产量低而且不稳定。

太和十二年（488）春正月辛巳朔，初建五牛旌旗。五月丁酉，诏六镇、云中、河西及关内六郡，各修水田，通渠灌溉。壬寅，增置彝器于太庙。九月丁酉，起宣文堂、经武殿。十一月，诏以二雍、豫三州民饥，开仓赈恤。

太和十三年（489）春正月辛亥，车驾有事于圆丘。于是初备大驾。四月，州镇十五大饥，诏所在开仓赈恤。五月庚戌，车驾有事于方泽。秋七月丙寅，幸灵泉池，与群臣御龙舟，赋诗而罢。立孔子庙于京师。八月戊子，诏诸州镇有水田之处，各通灌溉，遣匠者所在指授。九月，出宫人以赐北镇人贫鳏无妻者。

太和十四年（490）二月戊寅，初诏定起居注制。己卯，诏遣侍臣循行州郡，问民疾苦。九月癸丑，太皇太后冯氏崩。诏听蕃镇曾经内侍者前后奔赴。十月癸酉，葬文明太皇太后于永固陵。诏曰：朕思遵远古，终三年之制。

太和十五年（491）春正月丁卯，帝始听政于皇信东室（自此正式亲政）。初分置左右史官。四月己卯，经始明堂，改营太庙。五月己亥，议改律令，于东明观折疑狱。秋七月乙丑，谒永固陵，规建寿陵。己卯，诏议祖宗，以道武为太祖。十月庚寅，车驾谒永固陵。是月，明堂太庙成。十一月丁卯，迁七庙神主于新庙。乙亥，大定官品。戊寅，考诸牧守。丙戌，初罢小岁贺。十二月壬辰，迁社于内城之西。

太和十六年（492）二月戊子，帝移御永乐宫。庚寅，坏太华殿，经始太极。丁酉，诏祀唐尧于平阳，虞舜于广宁，夏禹于安邑，周文于洛阳。丁未，改谥宣尼曰文圣尼父，告谥孔庙。四月甲寅，幸皇宗学，亲问博士经义。五月癸未，诏群臣于皇信堂更定律条，流徙限制，帝亲临决之。六月甲辰，诏曰："务农重谷，王政所先；劝率田畴，君人常事。今四气休序,时泽滂润,宜用天分地,悉力东亩。然京师之民,游食者众,不加督劝,或芸耨失时,可遣明使检察勤惰以闻。"八月乙未,诏阳平王颐、左仆射陆叡督十二将七万骑北讨蠕蠕。十月庚戌,太极殿成,大飨群臣。十一月乙卯,依古六寝,权制三室,以安昌殿为内寝,皇信堂为中寝,六合殿为外寝。

太和十七年(493)春正月壬子朔,帝飨百僚于太极殿。二月己丑,车驾始籍田于都南。三月戊辰,改作后宫;帝幸永兴园,徙御宣文堂。夏四月戊戌,立皇后冯氏。五月壬戌,宴四庙子孙于宣文堂,帝亲与之齿,行家人之礼。六月丙戌,帝将南伐,诏造河桥。立皇子恂为皇太子。八月丁亥,帝辞永固陵,己丑,车驾发京师,南伐,步骑百余万。太尉丕奏请以宫人从,诏曰:"临戎不语内事,宜停来请。"壬寅,车驾至肆州。戊申,幸并州。九月戊辰,济河。庚午,幸洛阳,周巡故宫基趾。帝顾谓侍臣曰:"晋德不修,早倾宗祀,荒毁至此,用伤朕怀。"发思古幽情,遂咏《黍离》之诗,为之流涕。壬申,观洛桥,幸太学,观石经。丙子,诏六军发轸。丁丑,戎服执鞭,御马而出,群臣稽颡于马前,请停南伐,帝乃止,仍定迁都之计。冬十月戊寅朔,幸金墉城。诏征司空穆亮与尚书李冲、将作大匠董爵经始洛京。己卯,幸河南城。乙酉,幸豫州。癸巳,次于石济。乙未,解严,设坛于滑台城东,告行庙以迁都之意。大赦天下。起滑台宫。癸卯,幸邺城。初,帝之南伐也,起宫殿于邺西,十一月癸亥,宫成,徙御焉。[1]

---

[1] 此处的将作大匠黄爵,《魏书》和《北史》皆作董爵。司马光的《资治通鉴》则作董尔,但未能提供佐证。

这是一幕排演精彩的政治剧，主角孝文帝演出非常成功：他先借南伐之名把大军带走，使代北要反对的保守分子想闹也没有了本钱。等大军到达洛阳，群臣不愿冒险继续南下时，他提出了交换条件；当大臣伏地叩头如捣蒜，同意迁都而高呼万岁时，他就宣告天下迁都洛阳了。从这件事可知孝文帝也颇有心机，能够玩政治把戏。

这并非我的推测，连《魏书》都有记载。该书卷一九《景穆十二王·任城王传》：

> 高祖外示南讨，意在谋迁。斋于明堂左个，诏太常卿王谌，亲令龟卜，易筮南伐之事，其兆遇《革》。高祖曰："此是汤武革命，顺天应人之卦也。"群臣莫敢言。澄进曰："《易》言革者更也。将欲应天顺人，革君臣之命，汤武得之为吉。陛下帝有天下，重光累叶。今日卜征，乃可伐叛，不得云革命。此非君人之卦，未可全为吉也。"高祖厉声曰："《象》云'大人虎变'，何言不吉也！"澄曰："陛下龙兴既久，岂可方同虎变！"高祖勃然作色曰："社稷我社稷，任城而欲沮众也！"澄曰："社稷诚知陛下之社稷，然臣是社稷之臣，豫参顾问，敢尽愚衷。"高祖既锐意必行，恶澄此对，久之乃解，曰："各言其志，亦复何伤。"

任城王拓跋澄为拓跋云长子，是孝文帝的叔父，故敢于顶撞。他俩年纪相若，从他们的谈吐中，可知他们皆已深受汉文化的感染。[1]

孝文帝车驾还宫,立即召见任城王。未及升阶,遥谓曰:"向者之《革》卦,今更欲论之。明堂之忿,惧众人竞言,阻我大计,故厉色怖文武耳,想解朕意也。"乃独谓澄曰:"今日之行,诚知不易。但国家兴自北土,徙居平城,虽富有四海,文轨未一。此间用武之地,非可文治;移风易俗,信为甚难。崤函帝宅,河洛王里,因兹大举,光宅中原,任城意以为何如?"这说明了孝文帝担心元老保守派的竞言反对,又看清楚平城非实行全盘汉化之地,而着意于中原核心文化古都洛阳。

任城王同意孝文帝的观点,回答道:"伊洛中区,均天下所据,陛下制御华夏,辑平九服,苍生闻此,应当大庆。"高祖曰:"北人恋本,忽闻将移,不能不惊扰也。"澄曰:"此既非常之事,当非常人所知,唯须决之圣怀,此辈亦何能为也。"高祖曰:"任城便是我之子房。""加抚军大将军、太子少保,又兼尚书左仆射。"口头赞许之外,又给加官晋爵,这位皇叔

---

[1]《魏书·任城王传》中曾提到元澄被任命为都督梁、益、荆三州诸军事,征南大将军和梁州刺史时,"文明太后引见澄,诫厉之,顾谓中书令李冲曰:此儿风神吐发,德音闲婉,当为宗室领袖。是行使之必称我意。卿但记之,我不妄谈人物也。"可见冯太后很有眼光。同时她也很注意王子皇孙的教养。《魏书》卷二一《咸阳王元禧传》载有文明太后的一则教训:"自非生知,皆由学海,皇子皇孙,训教不立;温故求新,盖有阙矣。可于闲静之所,别置学馆,选忠信博闻之士为之师傅,以匠成之。"这样的太皇太后,才配治理国家。

便完全支持他的迁都了。

皇帝和任城王的对话，已表明了迁都洛阳的原委。草原帝国发展到这个阶段，平城已不再适宜继续作为都城。当时代北的保守势力很大，他们认为拓跋鲜卑的天下，是他们以平城为据点在马背上打下来的，留恋草原的生活习惯，要保持原先强悍好战的特质。他们认为脱离平城南迁，会逐渐丧失善战的性格，不仅不能再统治汉人，并且会被汉人同化。一般鲜卑人对文化并不尊崇，也感觉不到民族危机的严重；压制汉人，安于守旧。所以孝文帝才说："北人恋本，忽闻将移，不能不惊扰也。"必须想出一个巧妙的办法来对付。

太和十六年（492）八月乙未，"以怀朔镇将阳平王颐、镇北大将军陆叡皆为都督；督十二将，步骑十万，分为三道以击柔然（蠕蠕）。中道出黑山，东道趣士卢河，西道趣侯延河。军过大碛，大破柔然而还"。这是迁都前对柔然最大规模的袭击，把他们赶离边境。太和十七年（493）二月，孝文帝"始籍田于都南"。草原部族，本无酋长亲耕之礼；孝文帝变成农耕民族的皇帝，就要讲求天子亲耕之礼了。这是很大的转变。

当时孝文帝如果直接命令迁都，可能引起群臣的公然反对，甚至要导致叛乱。但说要南伐齐国，将领们会高兴，因为他们有机会发财升官，自祖宗以来一向是如此的。他利用这个借口，使大军自愿地前往洛阳。《资治通鉴》对此有如下的一段记载："魏主以平城地寒，六月雨雪，风沙常起，将迁都洛阳；恐群臣不从，乃议大举伐齐，欲以胁众。"你说平城苦寒，鲜卑人才喜欢寒冷的天气呢！

下一步的安排，是使录尚书事广陵王羽持节安抚六镇，发其突骑。《资治通鉴》卷一三八齐武帝永明十一年（493）："丁亥，魏主辞永固陵；己丑，发平城，南伐，步骑三十余万（《魏书》作百余万）；使太尉丕与广陵王羽留守平城，并加使持节。（晋代制度，使持节有权杀二千石以下的官吏。）……以河南王干为车骑大将军、都督关右诸军事，又以司空穆亮、安南将军卢渊、平南将军薛胤皆为干副，众合七万出子午谷。"此可分散敌方的注意力。

壬寅，魏主至肆州。戊申，魏主至并州。丁巳，魏主诏车驾所经，伤民秋稼者，亩给谷五斛。戊辰，魏主济河；庚午，至洛阳；壬申，诣故太学观石经。

> 魏主自发平城至洛阳，霖雨不止。丙子，诏诸军前发。丁丑，帝戎服，执鞭乘马而出。群臣稽颡于马前。帝曰："庙算已定，大军将进，诸公更欲何云？"尚书李冲等曰："今者之举，天下所不愿，唯陛下欲之；臣不知陛下独行，竟何之也！臣等有其意而无其辞，敢以死请！"帝大怒曰："吾方经营天下，期于混壹，而卿等儒生，屡疑大计；斧钺有常，卿勿复言！"策马将出。于是安定王休等并殷勤泣谏。帝乃谕群臣曰："今者兴发不小，动而无成，何以示后！朕世居幽朔，欲南迁中土；苟不南伐，当迁都于此，王公以为何如？欲迁者左，不欲者右。"南安王桢进曰："'成大功者不谋于众。'今陛下苟辍南伐之谋，迁都洛邑，此臣等之愿，苍生之幸也。"群臣皆呼万

岁。时旧人虽不愿内徙，而惮于南伐，无敢言者，遂定迁都之计。

这一场精彩演出，很可能是孝文帝和李冲等人的双簧，甚至接受过冯太皇太后病死前的训示。

何以我说李冲对于迁都是知道内情的？因为《魏书·李冲传》（卷五十三）有如下一段话："高祖初谋南迁，恐众心恋旧，乃示为大举，因以胁定群情。外名南伐，其实迁也。旧人怀土，多所不愿，内惮南征，无敢言者。于是定都洛阳。"以李冲和孝文帝关系的密切，不可能事先没谈过。李冲是汉族士人的领袖，为保守旧人反对的大目标；所以他在迁都洛阳的过程中，言行特别要故意流露对孝文帝此举的惊讶。同书又说："冲机敏有巧思，北京明堂、圆丘、太庙，及洛都初基，安处郊兆，新起堂寝，皆资于冲。勤志强力，孜孜无怠，旦理文簿，兼营匠制；几案盈积，剖剧在手，终不劳厌也。"

李冲为河西望族之后，对拓跋魏的彻底汉化运动曾起很大作用，而为史家所忽视！平城末期的扩充及改建，李冲也积极参与。《魏书·李冲传》有一关系的诏文：

> 昔轩皇诞御，垂栋宇之构；爰历三代，兴宫观之式。然茅茨土阶，昭德于上代；层台广厦，崇威于中叶。良由文质异宜，华朴殊礼故也。是以周成继业，营明堂于东都；汉祖聿兴，建未央于咸镐。盖所以尊严皇威，崇重帝德，岂好奢恶俭，苟弊民力者哉？我皇运统天，协纂乾历，锐

意四方,未遑建制,宫室之度,颇为未允。太祖初基,虽粗有经式,自兹厥后,复多营改。至于三元庆飨,万国充庭,观光之使,具瞻有阙……但朔土多寒,事殊南夏,自非裁度当春,兴役徂暑,则广制崇基,莫由克就。成功立事,非委贤莫可;改制规模,非任能莫济。尚书冲器怀渊博,经度明远,可领将作大匠;司空、长乐公亮,可与大匠共监兴缮。其去故崇新之宜,修复太极之制,朕当别加指授。

同书同卷又说:

车驾南伐,加冲辅国大将军,统众翼从。自发都至于洛阳,霖雨不霁,仍诏六军发轸。高祖戎服执鞭,御马而出,群臣启颡于马首之前。高祖曰:"长驱之谋,庙算已定,今大军将进,公等更欲何云?"冲进曰:"臣等不能折冲帷幄,坐制四海,而令南有窃号之渠,实臣等之咎。陛下以文轨未一,亲劳圣驾,臣等诚思亡躯尽命,效死戎行。然自离都淫雨,士马困弊,前路尚遥,水潦方甚。且伊洛境内,小水犹尚致难,况长江浩汗,越在南境。若营舟楫,必须停滞,师老粮乏,进退为难,矜丧反旆,于义为允。"高祖曰:"一同之意,前已具论。卿等正以水雨为难,然天时颇亦可知。何者?夏既炎旱,秋故雨多,玄冬之初,必当开爽。此后月十间,若雨犹不已,此乃天也;脱于此而晴,行则无害。古不伐丧,谓诸侯同轨之国,非王者统一之文。已至于此,何容停驾。"冲又进曰:"今者之举,天下所不愿,唯陛下欲之。汉文言,吾独乘千里马,竟何至也?臣有意而无其辞,敢以死请。"高祖大怒曰:"方欲经营宇宙,一同区域,而卿等儒生,屡疑大计,斧钺有常,卿勿复言!"策马将出。于是大司马、安定王休,兼左仆射、任城王澄等并殷勤泣谏。高祖乃谕群臣曰:"今者兴动不小,动而无成,何以示后?苟欲班师,无以垂之千载。朕仰惟远祖,世居幽漠,违众南迁,以享无穷之美,岂其无心,轻遗陵壤。今之君子,宁独有怀?当由天工人代、王业须成故也。若不南銮,即当移都于此,光宅土中,机亦时矣,王公等以为何如?议之所决,不得旋踵,欲迁者左,不欲者右。"安定王休等相率如右。前南安王桢进曰:"夫愚者暗于成事,智者见于未萌。行至德者不议于俗,成大功者不谋于众,非常之人乃能建非常之事。廓神都以延王业,度土中以制帝京,周公启之于前,陛下行之于后,故其宜也。且天下至重,莫若皇居,人之所贵,宁如遗体?请上安圣躬,下慰民望,光宅中原,辍彼南伐。此臣等愿言,苍生幸甚。"群臣咸唱"万岁"。

这段文字,比本纪及他处所见要明细,也把真情流露得更妥当,故很能说明当时的安排。

《资治通鉴》卷一三八中,李冲出面对孝文帝说:"陛下将定鼎洛邑,宗庙宫室,非可马上游行以待之。愿陛下暂还代都（按即平城），俟群臣经营毕功，然后备文物、鸣和鸾而临之。"帝曰："朕将巡省州郡，至邺小停，春首即还，未宜归北。"乃遣任城王澄还平城，谕留司百官以迁都之事。中国历史上找不出同一性质的迁都，孝文帝真是一位有趣的国主。他知道臣下对迁都意见分歧，曾询问卫尉卿、镇南将军于烈的意见，于烈的回答是："陛下圣略渊远，非愚浅所测。若隐心而言，乐迁之与恋旧，适中半耳。"孝文帝说："卿既不唱异，即是肯同，深感不言之益。"就使他北回镇守平城，临行吩咐："留台庶政，一以相委。"

等不及第二年春天，孝文帝在当年冬十月戊寅朔就回到洛阳的金墉城，征还在关中的穆亮，要他和尚书李冲、将作大匠董爵经营洛都。然后又出去巡行。任城王澄至平城，众始闻迁都，莫不惊骇。澄援引古今，徐以晓之，众乃开伏。澄还报于滑台，孝文帝非常高兴："非任城，朕事不成。"其实此时大军已被南调，有人阴谋反对，也毫无办法。"乙巳，魏主遣安定王休帅从官迎家于平城……筑宫于邺西，十一月癸亥，徙居之。"在没有妥善布置之前，他不返回代北。

孝文帝此人，思维敏捷，意志坚决，行动迅速。史书称当初冯太后忌帝英敏，恐不利她的执政，一度想废他而另立咸阳王拓跋禧，可能不无根据。因赖太尉东阳王丕、尚书右仆射穆泰、尚书李冲等固谏，才打消原意。穆泰为拓跋魏开国功臣穆崇的玄孙。以此其后得到孝文帝的宠信。"及帝南迁洛阳，所亲任者多中州儒士，宗室及代人往往不乐。泰自尚书右仆射出为定州刺史，自陈久病，土湿则甚，乞为恒州（迁都洛阳后京畿改为恒州，平城变为恒州州治）。"孝文帝为此特将原恒州刺史陆叡调为定州刺史，而以穆泰代替。当穆泰到达平城，而陆叡尚未出发，二人便合谋作乱，勾结镇北大将军乐陵王思誉、安乐侯隆、抚冥镇将鲁郡侯业、骁骑将军超等，共推朔州（在恒州以西，治盛乐）刺史阳平王颐为主。拓跋颐表面答应，暗中将此事态密告皇帝，结果赖任城王澄出马迅速扑灭。孝文帝认为当时"迁都甫尔，北人恋旧，南北纷扰"。而处此情况下，他却又急急乎要伐齐。故当太和二十年（496）召集公卿于清徽堂议南伐时，李冲就说："迁都尚新，秋谷不稔，未可以兴师旅；如臣所见，宜俟来秋。"结果改为北巡，彻查平城谋叛大案，杀了穆泰及其亲党，陆叡赐死狱中。[1]同时又处死并州刺史新兴公拓跋丕之子元隆等。（太子恂从平城将迁洛阳，元隆首和穆泰等密谋留恂，因举兵断关——雁门的东陉关和西陉关，规据陉北，丕身为并州刺史，虽知其事难成，但内心表示支持，等于鼓励造反；故元丕按法应当从坐，但帝以丕尝受诏许以不死，听免死为民，留其

---

[1] 太和十九年（495）冯熙（冯太皇太后之兄、孝文帝二后一昭仪之父）病死之前，代北保守敌对势力就在设法把皇帝骗诱回平城，然后利用留北的军力，彻底消灭主张汉化的革新派。顽固的重臣元丕和陆叡等，后就利用太师冯熙之丧，奉表请求孝文帝北上奔丧。孝文帝立刻识破此项阴谋。当即下诏："今洛邑肇构，跂望成劳，开辟暨今，岂有以天子之重，远赴舅国之丧？朕欲为孝，其如大孝何？纵欲为义，其如大义何？天下至重，君臣道悬，岂宜苟相诱引，陷君不德。令、仆已下可付法官贬之。"《魏书》卷四〇《陆俟传附子陆叡传》："叡表请车驾还代，亲临太师冯熙之葬，坐削夺都督三州诸军事。"后来陆叡被赐死狱中。

后妻和二子居太原。)[1]

《资治通鉴》卷一四〇齐明帝建武三年(496):

> 初,魏文明太后欲废魏主,穆泰切谏而止,由是有宠。及帝南迁洛阳,所亲任者多中州儒士,宗室及代人往往不乐。泰自尚书右仆射出为定州刺史,自陈久病,土湿则甚,乞为恒州;帝为之徙恒州刺史陆叡为定州,以泰代之。泰至,叡未发,遂相与谋作乱,阴结镇北大将军乐陵王思誉、安乐侯隆、抚冥镇将鲁郡侯业、骁骑将军超等,共推朔州刺史阳平王颐为主……颐伪许泰等以安其意,而密以状闻。行吏部尚书任城王澄有疾,帝召见于凝闲堂,谓之曰:"穆泰谋为不轨,扇诱宗室。脱或必然,今迁都甫尔,北人恋旧,南北纷扰,朕洛阳不立也。此国家大事,非卿不能办。卿虽疾,强为我北行,审观其势。傥其微弱,直往擒之;若已强盛,可承制发并、肆兵击之。"对曰:"泰等愚惑,正由恋旧,为此计耳,非有深谋远虑;臣虽驽怯,足以制之,愿陛下勿忧。虽有犬马之疾,何敢

---

[1] 拓跋丕在太武帝时便担任羽林中郎,拓跋焘南侵到达长江北岸那次战役,拓跋丕曾从驾临江,赐爵兴平子。孝文帝时封东阳王,拜侍中、司徒公。后又迁太尉、太傅,录尚书事。《魏书》本传说他"雅爱本风,不达新式。至于变俗迁洛,改官制服,禁绝旧言,皆所不愿"。孝文帝很尊重此一元老,曾下诏"中原始构,须朕营视;在代之事,一委太傅"。孝文帝崩,丕自并州来赴。丕仕历六世,垂七十年,位极公辅,而还为民庶。景明四年(503)薨,年八十二。

辞也！"帝笑曰："任城肯行，朕复何忧！"……（第二年二月）癸酉，魏主至平城，引见穆泰、陆叡之党问之，无一人称枉者；时人皆服任城王澄之明。穆泰及其亲党皆伏诛；赐陆叡死于狱，宥其妻子，徙辽西为民。

《资治通鉴》卷一四一建武四年（497）："初，魏主迁都，变易旧俗，并州刺史新兴公丕皆所不乐；帝以其宗室耆旧，亦不之逼，但诱示大理，令其不生同异而已。及朝臣皆变衣冠，朱衣满坐，而丕独胡服于其间，晚乃稍加冠带，而不能修饰容仪，帝亦不强也。"又帝以北方酋长及侍子畏暑，听秋朝洛阳，春还部落，避过了炎夏，时人称之为"雁臣"。这表明孝文帝对待臣属颇能体谅，或许也可视为对保守势力的一项妥协。

太和十八年（494）十二月壬寅，革衣服之制。十九年（495）六月己亥，诏不得以北俗之语言于朝廷，若有违者，免所居官。癸丑，诏求天下遗书，秘阁所无，有裨益时用者加以优赏。丙辰，诏迁洛之民，死葬河南不得还北。于是代人南迁者，悉为河南洛阳人。戊午，诏改长尺大斗，依《周礼》制度，班之天下。此等改革就更严厉了。孝文帝是下了大决心的。

孝文帝似乎终生不断在巡行，是否遗传了草原牧骑的活动因子？他在亲政以前，有时要陪同冯太皇太后巡视，行程不太远；亲政以后，行动更自由了。试以迁都翌年太和十八年（494）为例：春正月丁未朔，朝群臣于邺宫澄鸾殿。癸亥，车驾南巡。诏相、兖、豫三州：百年以上假县令，九十以上赐爵二级，七十以上赐爵一级；孤老鳏寡不能自存者，赐粟五石、帛二匹；孝悌廉义、文武应求者，皆以名闻。戊辰，经殷比干之墓，祭以太牢。乙亥，幸洛阳西宫。二月乙丑，行幸河阴，规建方泽之所。壬寅，车驾北巡。癸卯，济河。甲辰，诏天下，喻以迁都之意。闰月癸亥，次句注陉南，皇太子朝于蒲池。壬申，至平城宫。癸酉，临朝堂，部分迁留。甲戌，谒永固陵。三月庚辰，罢西郊祭天。[1]壬辰，帝临太极殿，谕在代群臣以迁移之略。夏五月乙亥，诏罢五月五日、七月七日飨。秋七月壬辰，车驾北巡。戊戌，谒金陵。辛丑，幸朔州。八月甲辰，行幸阴山，观云川。丁未，幸阅武台，临观讲武。癸丑，幸怀朔镇。己未，幸武川镇。辛酉，幸抚冥镇。甲子，幸柔玄镇。乙丑，南还。戊辰，车驾次旋鸿池。庚午，谒永固陵。辛未，还平城宫。冬十月戊申，亲告太庙，奉迁神主。辛亥，车驾发平城宫。壬戌，次于中山之唐湖。乙丑，分遣侍臣巡问民所疾苦。己巳，幸信都。十一月丁丑，车驾幸邺，甲申，经比干之墓，伤其忠而获戾，亲为吊文，树碑而刊之。己丑，

---

[1]《资治通鉴》卷一一〇"魏王珪迁都平城，始营宫室，建宗庙，立社稷。宗庙岁五祭，用分、至及腊。"《魏书》卷一八〇："天赐二年（405）夏四月，复祀天于西郊，为方坛一，置木主七于上。东为二陛，无等；周垣四门，门各依其方色为名。牲用白犊、黄驹、白羊各一。祭之日，帝御大驾，百官及宾国诸部大人毕从至郊所。帝立青门内近南坛西，内朝臣皆位于帝北，外朝臣及大人咸位于青门之外，后率六宫从黑门入，列于青门内近北，并西面。廪牺令掌牲，陈于坛前。女巫执鼓，立于陛之东，西面。选帝之十族子弟七人执酒，在巫南，西面北上。女巫升坛，摇鼓。帝拜，后肃拜，百官内外尽拜。祀讫，复拜。拜讫，乃杀牲。执酒七人西向，以酒洒天神主，复拜，如此者七。礼毕而返。自是之后，岁一祭。"

车驾至洛阳。

《魏书·刘芳传》:"高祖迁洛,路由朝歌;见殷比干墓,怆然悼怀,为文以吊之。芳为注解,表上之。"在这块石碑的阴面,共分刻四列。上三列刻随祭者的官衔,列名的达81人。这批人应该都是拥护迁都的忠贞分子,包括宗室、皇族、贵戚、代北功勋、四裔部族酋长,以及许多中原士族。其中中原汉族士人占40位,高占半数。这表明中原汉人是全力支持孝文帝全盘汉化政策的。《魏书·邢峦传》有一段话颇具代表性:"高祖因行药至司空府南,见峦宅,遣使谓峦曰:'朝行药至此,见卿宅乃住,东望德馆,情有依然。'峦对曰:'陛下移构中京,方建无穷之业,臣意在与魏升降,宁容不务永年之宅。'高祖谓司空穆亮、仆射李冲曰:'峦之此言,其意不小。'"

拓跋鲜卑自从和汉族混杂相处,无可避免地要受到先进汉文化的沾染。到太武帝拓跋焘时期,并不只是"稍僭华典,胡风国俗,杂相揉乱",而且农耕文化基本上已掩覆了草原文化。崔浩的为政嚣张,主要是他卑视鲜卑文化;他认为只有彻底实行汉化,才可能消除胡汉之间的根本矛盾。这也是他被杀的根本原因。他的惨死虽暂时压制了汉化的热潮,但过不多久,这股热潮又盖地而来。明智的孝文帝受冯太皇太后的影响,看清楚了这个趋势才下定决心全盘汉化。而冯太皇太后的影响力被史家忽略了。

> 魏主欲变北俗,引见群臣。谓曰:"卿等欲朕远追商、周,为欲不及汉、晋邪?"咸阳王禧对曰:"群臣愿陛下度

越前王耳。"帝曰:"然则当变风易俗,当因循守故邪?"对曰:"愿圣政日新。"帝曰:"为止于一身,为欲传之子孙邪?"对曰:"愿传之百世。"帝曰:"然则必当改作,卿等不得违也。"对曰:"上令下从,其谁敢违。"帝曰:"夫'名不正,言不顺,则礼乐不可兴'。今欲断诸北语,一从正音。其年三十已上,习性已久,容不可猝革。三十已下,见在朝廷之人,语言不听仍旧;若有故为,当加降黜。各宜深戒!王公卿士以为然不?"对曰:"实如圣旨。"……六月己亥,下诏:不得为北俗之语于朝廷,违者免所居官。

当时孝文帝为提高文化水平,提倡全国说比较美妙的汉语(正音),废弃原来的鲜卑土语。

太和十九年(495)四月庚申,魏主如鲁城(今山东省曲阜),亲祠孔子;辛酉,拜孔氏四人、颜氏二人官,仍选诸孔宗子一人封崇圣侯,奉孔子祀,命兖州修孔子墓,更建碑铭。五月癸未,魏主还洛阳,告于太庙。甲申,减冗官之禄以助军国之用。乙酉,行饮至之礼,班赏有差。甲午,魏太子冠于庙……又责留守之官曰:"昨望见妇女犹服夹领小袖,卿等何为不遵前诏?"当时的臣僚,多数跟不上皇帝的步伐!

同年八月金墉宫成,立国子、太学、四门小学于洛阳。《资治通鉴》记载,太和二十年(496)春正月"魏主下诏,以为:'北人谓土为拓,后为跋。魏之先出于黄帝,以土德王,故为拓跋氏。夫土者,黄中之色,万物之元也;宜改姓元氏。诸功臣旧族自代来者,姓或重复,皆改之。'于是始改拓跋氏为长孙氏,达奚氏为奚氏,乙旃氏为叔孙氏,丘穆陵氏为穆氏,步六孤氏为陆氏,贺赖氏为贺氏,独孤氏为刘氏,贺楼氏为楼氏,勿忸于氏为于氏,尉迟氏为尉氏;其余所改,不可胜纪"。

《魏书》卷七《高祖纪》:"二十年(496)春正月丁卯,诏改姓为元氏。"于是皇帝的姓名从拓跋宏变成元宏。魏收撰《魏书》时,人名已全部改用新姓;而《宋书·索虏传》及《南齐书·魏虏传》,则皆仍用旧名。拓跋鲜卑的姓名,原多重复奇僻,孝文帝把拓跋改成元,就简便多了。你知道唐代著名诗人元稹是北魏粗鲁太武帝拓跋焘的十世孙吗?[1]汉化的力量是多么伟大。同年十月戊辰,北魏又设置了常平仓。

司徒尉元、大鸿胪卿游明根退休时,受到孝文帝礼遇,并向他们求教,两人皆劝帝"孝友化民"。事实上,就当时情势观察,也只有全盘汉化,才可使北魏政权蜕变而继续存在。当时孝文帝所下诏书,甚为感人。见《魏书》卷五〇

---

[1] 诗人元稹四十四岁当宰相,五十三岁死在武昌军节度使任上。《旧唐书》卷一六六、《新唐书》卷一七四皆有专传。元稹逝世后,他的诗人朋友白居易所作的《挽歌词》有如下四句:"铭旌官重威仪盛,骑吹声繁卤簿长;后魏帝孙唐宰相,六年七月葬咸阳。"白居易给他写的墓志铭序:"公凡为文,无不臻极,尤工诗。在翰林时,穆宗(821—824年在位,年号长庆)前后索诗数百篇,命左右讽咏。宫中呼为元才子。"

《尉元传》。[1]

孝文帝曾经对陆叡说:"北人每言'北俗质鲁,何由知书!'朕闻之,深用忾然!今知书者甚众,岂皆圣人!顾学与不学耳。朕修百官,兴礼乐,其志固欲移风易俗。朕为天子,何必居中原!正欲卿等子孙渐染美俗,闻见广博;若永居恒北,复值不好文之主,不免面墙耳。"

《资治通鉴》卷一三七齐武帝永明九年(491):"初,魏世祖克统万及姑臧,获雅乐器服工人(按晋永嘉之乱,太常乐工多避地河西),并存之。其后累朝无留意者,乐工浸尽,音制多亡。高祖始命有司访民间晓音律者议定雅乐,当时无能知者。然金、石、羽旄之饰,稍壮丽于往时矣。辛亥,诏简置乐官,使修其职;又命中书监高闾参定。"同书卷一四〇齐明帝建武二年(495):"(八月)魏金墉宫成,立国子、太学、四门小学于洛阳。魏高祖游华林园,观故景阳山(华林园及景阳山皆魏明帝所筑);黄门侍郎郭祚曰:'山水者,仁智之所乐,宜复修之。'帝曰:'魏明帝以奢失之于前,朕岂

---

[1] "夫大道凝虚,至德冲挹,故后王法玄猷以御世,圣人崇谦光而降美。是以天子父事三老,兄事五更,所以明孝悌于万国,垂教本于天下。自非道高识博,孰能处之?是故五帝宪德,三王乞言,若求备一人,同之古哲,叔世之老,孰能克堪?师上圣则难为其举,傅中庸则易为其选。朕既虚寡,德谢囊哲,更、老之选,差可有之。前司徒、山阳郡开国公尉元,前大鸿胪卿、新泰伯游明根并元亨利贞,明允诚素,少著英风,老敷雅迹,位显台宿,归终私第。可谓知始知卒,希世之贤也。公以八十之年,宜处三老之重。卿以七十之龄,可充五更之选。"

可袭之于后乎！'"[1]

史载："（孝文）帝好读书，手不释卷，在舆据鞍，不忘讲道。善属文，多于马上口占，既成，不更一字；自太和十年（486）以后，诏策皆自为之。好贤乐善，情如饥渴，所与游接，常寄以布素之意，如李冲、李彪、高闾、王肃、郭祚、宋弁、刘芳、崔光、邢峦之徒，皆以文雅见亲，贵显用事；制礼作乐，郁然可观，有太平之风焉。"试问汉族帝王，好学如他者能有几人？

《资治通鉴》卷一三九齐明帝建武元年（494）十一月："魏主敕后军将军宇文福行牧地。福表石济以西，河内以东，距河凡十里。魏主自代徙杂畜置其地，使福掌之；畜无耗失，以为

---

[1] 此处司马光的前19个字应加严格划分。前7个字是说金墉宫建成，在内城西北部；而接着的四门学则在南部。北魏洛阳城的南部，有许多礼制建筑和太学。太学遗址范围甚广。经过勘探和试掘，主要分成两部："一部在辟雍之北（北魏曾修辟雍，但未完成），平面略呈长方形，东西约二百米，南北约一百米，附近曾发现石经碎片；另一部分在其东北约一百米处，遗迹保存较好，平面亦成长方形，南北约二百米，东西约一百五十米，四周筑墙。"东汉的太学始建于光武帝建武五年（29），以后屡经扩建，至顺帝阳嘉元年（132）才全部竣工，太学生多达3万余人。灵帝熹平四年（175），立石经于太学，称"熹平石经"。汉末大军阀董卓焚洛阳宫庙，殃及太学。魏文帝黄初五年（224），在东汉的旧址上重建太学，齐王曹芳正始（240—249）中又新立石经，称"正始石经"。西晋初年，依汉魏之制复兴太学，而咸宁二年（276）又另立国子学，与太学并存。受过汉文化熏陶的人，对石经无不向往。北魏初期汉化稍深的明元帝拓跋嗣，在泰常八年（423）南巡时就亲到洛阳看石经。完全汉化的孝文帝更不必说了，他在太和十七年（493）九月"南伐"到洛阳，巡视故宫基址时便迫不及待地要"幸太学，观石经"。

司卫监。初,世祖平统万及秦凉,以河西水草丰美,用为牧地,畜甚蕃息,马至二百余万匹,橐驼半之,牛羊无数。及高祖置牧场于河阳(黄河北岸石济泽和河内之间),常畜戎马十万匹,每岁自河西徙牧并州,稍复南徙,欲其渐习水土,不至死伤,而河西之牧愈更蕃滋。及正光(520—525)以后,皆为寇盗所掠,无孑遗矣。"这表明孝文帝迁都,虽颇匆促,但构思很周到,连军马场的布局及牲畜的习性都考虑到了。

太和二十年(496)五月丙子下诏:"农惟政首,稷实民先,澍雨丰洽,所宜敦励。其令畿内严加课督,惰业者申以楚挞,力田者具以名闻。"同年九月丁亥,"将通洛水入谷,帝亲临观"。这表示他除了极力劝农外,对水利也很重视。同年五月丙戌:"初营方泽于河阴。遣使者以太牢祭汉光武及明、章三帝陵。又诏汉、魏、晋诸帝陵,各禁方百步不得樵苏践踏。丁亥,车驾有事于方泽。"

英明皇帝所精心设计的迁都,已使得臣下难以适应,何况同时他又急急乎出师伐齐。当时曾引起统治阶层的反感,甚至连皇太子也阴谋逃归平城。太子元恂的行动,自然有人在背后支持,趁皇帝上嵩山时发难,结果被废,继之赐死。

《魏书·高道悦传》:"太和二十年秋,车驾幸中岳,诏太子恂入居金墉,而恂潜谋还代,忿道悦前后规谏,遂于禁中杀之。"李冲和于烈,也在表文中说陆叡、元丕"潜引童稚,构兹妖逆"。这个14岁而明显带有草原气质的太子,就这样成为政治斗争的牺牲品。

《资治通鉴》卷一四〇齐明帝建武三年(496):

> 魏太子恂不好学，体素肥大，苦河南地热，常思北归。魏主赐之衣冠，恂常私著胡服。中庶子辽东高道悦数切谏，恂恶之。八月戊戌，帝如嵩高，恂与左右密谋，召牧马，轻骑奔平城，手刃道悦于禁中。中领军元俨勒门防遏，入夜乃定。诘旦，尚书陆琇驰以启帝，帝大骇，秘其事，仍至汴口而还。甲寅入宫，引见恂，数其罪，亲与咸阳王禧更代杖之百余下，扶曳出外，囚于城西，月余乃能起。

过几个月就把他废了。孝文帝之所以把此事看得很严重，因为他担心太子和留在代北的保守集团阴谋勾结；如其北奔成功，可能出现一个对抗的政权，北魏王朝要提早分裂为南北两半了。

"（闰十月）丙寅，废恂为庶人，置于河阳无鼻城，以兵守之，服食所供，粗免饥寒而已。"太和二十一年（497）四月，再下令赐死。这和太和二十三年（499）临崩时遗诏赐失德的幽皇后死，构成了家庭的双重悲剧。孝文帝太专注国家政务，他的家庭生活并不幸福，甚至可说有些许悲惨！

孝文帝迁都后亟谋南伐，主要是鉴于洛阳位置突出，很接近南朝边界。距离南齐边界仅100多公里，而此一边界随时改变。洛阳南距宛城不到100公里，而宛城常在南朝手里。前当太和十七年（493）以南伐为名，行迁都之实时，曾宣布内外戒严，公开要南下侵齐；南朝当然有反应，做出北伐的姿态克制魏兵的南侵，其中一项措施便是"遣江州刺史陈显达镇樊城"，樊城即今湖北省襄樊市，北距洛阳不到300公里。南北双方接界线很长，防不胜防，除非集中力量在若干重要据点。当时的形势，南朝系将战争重点摆在汉水支流唐白河河谷，针对洛阳。当孝文帝在太和十八年（494）年底由洛阳出发南伐，没有采纳镇南将军李冲和任城王元澄的劝诫，不能不说是一大失误！我相信他此时身心交瘁，已经有病。

曾任尚书令的陆叡曾上表请孝文帝不要在迁都伊始，就急急乎南伐，他认为：

> 长江浩荡，彼之巨防。又南土昏雾，暑气郁蒸，师人经夏，必多疾病。而迁鼎草创，庶事甫尔，台省无论政之馆，府寺靡听治之所；百僚居止，事等行路，沈雨炎阳，自成疠疫。且兵徭并举，圣王所难。今介胄之士，外攻寇雠；羸弱之夫，内勤土木；运给之费，日捐千金。驱罢弊之兵，讨坚城之虏，将何以取胜乎！陛下去冬之举，正欲曜武江、汉耳；今自春几夏，理宜释甲。愿早还洛邑，使根本深固，圣怀无内顾之忧，兆民休斤板（按指斧斤、板筑）之役；然后命将出师，何忧不服。

孝文帝表面虽表示采纳，但仍在短短两年内三次南伐，结果也因此而早死！

孝文帝的热衷于伐齐，也可从下引文字中见之。《资治通鉴》卷一三八："王肃见魏主于邺，陈伐齐之策。魏主与之言，不觉促席移晷。自是器遇日隆，亲旧贵臣，莫能间也。魏主或屏左右与肃语，至夜分不罢，自谓君臣相得之晚。"《魏书·高祖纪》太和二十三年（499）孝文帝临死时："顾命宰辅曰……思纂乃圣之遗踪，迁都嵩极，定鼎河瀍，庶南荡瓯吴，复礼万国，以仰光七庙，俯济苍生。困穷早灭，不永乃志。"孝文南伐，兼左仆射李冲留守洛阳。但李冲死得比孝文更早。

太和二十一年（497）秋天，孝文帝又决定南伐。八月丙辰，魏诏中外戒严，庚辰，军发洛阳，魏主引兵向襄阳，皇弟彭城王勰等三十六军前后相继，号称百万，目的是多侵占一些土地，以保障洛阳的安全。在南朝方面，后来的梁武帝萧衍参加了这次战争。魏兵攻占南阳、新野，孝文帝到达了汉水岸边，望见了襄阳，但可望而不可即。翌年七月，南朝的齐明帝萧鸾死了。九月消息传来，孝文帝便下诏"礼不伐丧"，找到借口引兵退还。这时孝文帝积劳成疾。虽在九月庚子又下诏北伐高车，但也无能为力了。《资治通鉴》说"魏主得疾甚笃，旬日不见侍臣"。后来一度被徐謇医好，等于是回光返照。十一月到达邺城，十二月自邺班师！

"魏主将大兵追之，晡时至沔。山阳据城苦战，至暮，魏兵乃退。诸军恐惧，是夕，皆下船还襄阳。庚寅，魏主将十万众，羽仪华盖，以围樊城，曹虎闭门自守。魏主临沔水，望襄阳岸，乃去"。

带病回到洛阳，还要问留守的任城王澄："朕离京以来，旧俗少变不？"对曰："圣化日新。"帝曰："朕入城，见车上妇人犹戴帽、著小袄，何谓日新？"对曰："著者少，不著者多。"帝曰："任城，此何言也？必欲使满城尽著邪？"他时刻关心汉化，他的汉化政策真可说是苦心孤诣！

南朝并不示弱。太和二十三年（499）春，东昏侯萧宝卷遣太尉陈显达再从荆州北伐，二月癸酉，显达攻陷马圈城（在涅水西岸，宛城西南）。《资治通鉴》说："太尉陈显达督平北将军崔慧景军四万击魏，欲复雍州诸郡。"因为前一年，雍州的南阳、新野、南乡、北襄阳、西汝南、北义阳等州皆被北魏侵占。显达此次出兵，围攻马圈城四十日而拔之，又遣庄丘黑攻取南乡。孝文帝认为局势严重，必须亲征。他对任城王元澄说："显达侵扰，朕不亲行，无以制之。"该年三月庚辰，孝文帝又从洛阳出发，这时他已病得很重。虽赖元澄之弟武卫将军元嵩的奋战击败齐兵，追奔直至汉水而还，齐军士卒死者三万余人，但孝文帝在北还途中，于四月丙午朔，崩于谷塘原，年仅33岁。他的早逝和崔浩的被杀，同为北朝汉化运动无可弥补的损失，对于北魏王朝，更是莫大的打击！

十　北魏洛阳的繁盛

历代著名古城，多有兴衰过程；历史愈悠久，起伏也愈多。洛阳从周平王宜臼元年（公元前770年，亦即春秋时代开始之年）起，做过东周、东汉、曹魏、西晋、北魏、隋、唐、后梁、后唐等9个朝代的都城，历来被称为"九朝古都"。因为有这许多朝代定都洛阳，而每当改朝易代之际，京都常不免遭受破坏，有时被破坏得很彻底，必须更换地点重建，所以洛阳就遗留下了好几座故城，从东到西，计有汉魏故城、隋唐东都和东周王城。

西周成王时，周公虽在洛阳建城，称为洛邑，亦名成周，但仅属陪都性质，主要用以监管殷民，建筑较为简便。要等到西周灭亡，平王东迁，洛阳才正式成为国都。《史记》卷四《周本纪》："武王营之，成王使召公卜居，居九鼎焉，而周复都丰、镐。至犬戎败幽王，周乃东徙于洛邑。"同书卷五《秦本纪》："西戎犬戎与申侯伐周，杀幽王郦山下，而秦襄公将兵救周，战甚力，有功。周避犬戎难，东徙雒邑（洛阳），襄公以兵送周平王。平王封襄公为诸侯，赐之岐以西之地。"最后消灭周王朝的，也是秦国。

《汲冢周书》："（周公）俘殷献民，迁于九毕……乃作大邑成周于土中。城方千七百二十丈，郛方七十里，南系于洛水，北因于郏山，以为天下之大凑……分以百县，县有四郡，郡有四鄙。大县城方王城三之一，小县立城，方王城九之一。"

《后汉书·郡国志》："河南，周公时所城雒邑也，春秋时谓之王城。"《博物记》："王城方七百二十丈，郭方（七）[一]十里，南望洛水，北至陕山。"《晋元康地道记》："城内南北九里七十步，东西六里十步，为地三百（里）[顷]一十二亩有三十六步。城东北隅周威烈王冢。"这是洛阳"九六城"名称的来源。同书《光武帝纪》："（建武元年）冬十月癸丑，车驾入洛阳，幸南宫却非殿，遂定都焉……（二年春正月）壬子，起高庙，建社稷于洛阳，立郊兆于城南……十四年春正月，起南宫前殿。"又同书《明帝纪》：永平三年（60），"起北宫及诸官府"。永平五年(62)，长安迎取飞廉并铜马，置于西门外平乐观。八年（65）"冬十月，北宫成"。北宫和南宫，相距七里；中央起大屋，作复道；三道行，天子从中道，从官夹左右，十步一卫。洛阳宫殿区，从此颇具规模。

光武帝刘秀建立东汉王朝，建武元年（25）定都洛阳。三国的曹魏，虽起家于邺城，但曹丕篡汉后还是以洛阳为首都。因为就整个中原来说，洛阳的位置比较居中，交通方便。司马氏篡曹魏，继续以洛阳为京城。从公元25年到316年西晋灭亡，洛阳作为中国的国都，几乎长达300年。

东汉的洛阳城，有北宫和南宫两大宫殿区，皆在城内靠近中央的部位，已略具中轴线对称的意识形态，都城规划可能受到了《考工记》的影响。当时都城共有12个门,24条大街,较以前任何时期为繁盛。特别是后建的南宫,宫殿颇为宏伟壮丽;仅《元河南志》所列主要殿堂就有20多处,此外还有多重宫门以及不少宫、观、台、阁等。到献帝初平元年(190),董卓胁逼献帝迁都长安,焚毁洛阳宫殿及民居,165年的繁华帝都,一下子化为灰烬。建安元年(196)献帝从长安回到洛阳,竟无可栖身之所,不得已暂住故中常侍赵忠的宅院。《后汉书·孝献帝纪》:"是时宫室烧尽,百官披荆棘,依墙壁间。"稍后皇室播迁,移都许昌,洛阳无从恢复繁盛。曹丕篡汉,定都洛阳,他放弃劫余的南宫,而以北宫作为重建洛阳的基础。《三国志·魏书》:黄初元年(220)十二月初营洛阳宫,二年(221)筑陵云台。明帝曹叡青龙三年(235)大治洛阳宫,起昭阳、太极殿,筑总章观。曹丕在黄初元年十二月到洛阳时,住在北宫,在北宫的建始殿朝会群臣。

《后汉书·孝献帝纪》:初平元年(190)春二月丁亥,迁都长安。董卓驱徙京师百姓悉西入关,焚洛阳宫庙及人家。同书《董卓传》:"是时洛中贵戚室第相望,金帛财产,家家殷积。卓纵放兵士,突其庐舍,淫略妇女,剽虏资物,谓之搜牢……及何后葬,开文陵(汉灵帝陵),卓悉取臧中珍物……又坏五铢钱,更铸小钱,悉取洛阳及长安铜人、钟虡、飞廉、铜马之属,以充铸焉。"

《后汉书·百官志》:"洛阳城十二门,其正南一门曰平城门。北宫门属卫尉。其余上西门、雍门、广阳门、津门、小苑门、开阳门、秏门、中东门、上东门、榖门、夏门,凡十二门。"又蔡质《汉官典仪》:"洛阳二十四街,街一亭;十二城门,门一亭。"此处所谓十二个城门,是剔除了属于卫尉的北宫门,事实上总共有十三门。

三国时曹魏的都城洛阳,是在董卓毁废的基址上重建起来的。文帝曹丕在位仅7年(220—226),不及见都城营建的完成。主要宫殿工程进行于明帝曹叡(227—239年在位)时代。《三国志·魏书·文帝纪》:黄初元年(220)冬十二月,初营洛阳宫。二年(221),筑陵云台。三年(222)穿灵芝池,五年(224)穿天渊池。七年(226)春三月筑九华台。同书《明帝纪》:太和元年(227)夏四月甲申,初营宗庙。三年(229)冬十月,改平望观曰听讼观。初,洛阳宗庙未成,神主在邺庙。十一月,庙始成,使太常韩暨持节迎高皇帝、太皇帝、武帝、文帝神主于邺。十二月己丑至,奉安神主于庙。青龙三年(235),大治洛阳宫,起昭阳、太极殿,筑总章观。百姓失农时,直臣杨阜、高堂隆等各数切谏,虽不能听,常优容之。

《魏略》:"是年起太极诸殿,筑总章观,高十余丈,建翔凤于其上。又于芳林园中起陂池,楫棹越歌。又于列殿之北,立八坊,诸才人以次序处其中……通引榖水过九龙殿前,为玉井绮栏,蟾蜍含受,神龙吐出。使博士马均作司南车,水转百戏。岁首建巨兽,鱼龙曼延,弄马倒骑,备如汉西京之制,筑阊阖诸门阙外罘罳。"《三国志·魏书·高堂隆传》:"青龙中,大治殿舍,西取长安大钟。"

从东汉到西晋，洛阳城外已有民居和市场，而且居民区不断扩大；有的地方，西晋时便形成东西并列四排以上的里坊。唯古文献中记述当时洛阳的范围，总是以南北九里，东西六里视之，称它作"九六城"。因为尚未修建外郭城垣，故不把城外部分计入都市以内。洛阳的郭城是北魏时代修建的，下面将会提到。

顾炎武《历代宅京记》卷七记魏明帝曹叡："帝愈增崇宫殿，雕饰观阁，凿太行之石英，采谷城之文石；起景阳山于芳林之园，建昭阳殿于太极之北，铸作黄龙凤凰奇伟之兽，饰金墉、陵云台、陵霄阙。百役繁兴，作者万数，公卿以下至于学生，莫不展力，帝乃躬自掘土以率之。"《魏略》："大发铜铸，作铜人二，号曰翁仲，列坐于司马门外。又铸黄龙、凤凰各一，龙高四丈，凤高三丈余，置内殿前。起土山于芳林园西北陬，使公卿群僚皆负土成山，树松竹杂木善草于其上，捕山禽杂兽置其中。"

《魏书·明帝纪》："[景初元年（237）冬十月]乙卯，营洛阳南委粟山为圜丘。十二月壬子冬至始祀。"

西晋篡曹魏，洛阳完全没有受到破坏。

北魏的洛阳城，系在东汉、曹魏、西晋故都的基址上重建起来，但最后的范围超过了旧城。北魏营建洛阳，和它以前营建平城相似，都是把地势较高的旧城部分，置于新城的中央偏北；然后在其较低的外围地区，主要是在东、南、西三面，逐步发展城郭。北魏洛阳城的兴建，参考了长安和邺城的规制，特别是邺都的北城；而后来它又成为隋唐东都洛阳城的重要依据。唯洛阳城宫市的位置和古长安城完全不同。[1]

孝文帝在太和十七年（493）费尽心机把国都从平城搬到了洛阳，正式迁都工作要等到十八年（494）才开始，但他在太和二十三年（499）便死了。废墟洛阳的重建工作刚刚开始，虽然工程进行得颇快，但他没有看见新都的繁盛，他死时，甚至连优先兴建的新宫殿也没有完成。[2]

洛阳的营建工作，大部分完成于孝文帝之子宣武帝元恪（500—515年在位）统治时期。《魏书·广阳王嘉传》说孝文帝临终时，遗诏以元嘉为尚书左仆射，与咸阳王元禧等同辅政。"迁司州牧，嘉表请于京师四面，筑坊三百二十，各周一千二百步；乞发三正复丁，以充兹役，虽有暂劳，奸盗永

---

[1]《旧唐书·地理志·关内道》："京师，秦之咸阳，汉之长安。隋开皇二年（582），自汉长安故城东南移二十里置新都，今京师是也。"但隋朝新都大兴城宫市的位置，却完全不同。汉长安"司马门在未央宫之南，直抵长安城垣，并无坊市，而未央宫则六街三市"。此即市在北、宫在南，而隋代的长安，则宫在北部，市在南部，适为相反。这显然受到北魏洛阳城和东魏、北齐邺都南城格局的影响。参阅陈正祥《串城记》第八篇《古长安的光辉》，上海书局，1988年。

[2] 洛阳在西晋末年曾遭受严重破坏，不能在短期内就重建起来，孝文帝成功地把国都迁到了洛阳，但他必须暂时先住金墉城。作为别院离宫，金墉城得到了大规模的修建。郦道元《水经注》穀水条："皇居创徙，宫极未就，止跸于此。构宵榭于故台，所谓台以停停也。南曰乾光门，夹建两观，观下列朱桁于堑，以为御路。东曰含春门，北有邅门。城上西面列观，五十步一睥睨。屋台置一钟以和漏鼓。西北连虎函萌。墉比广榭。炎夏之日，高祖（指孝文帝）常以避暑，为绿水池一所，在金墉者也。"《魏书·高祖纪》太和十九年（495）八月，"金墉宫成，甲子，引群臣历宴殿堂"。

止。诏从之。"同书又提到景明二年（501）："九月，丁酉，发畿内夫五万人，筑京师三百二十三坊，四旬而罢。"就是在建坊的同时，修筑了郭城或外城。唯史料中，没有留下记录。当时所发动的民工人数，比较准确的说法是五万五千人，所筑的坊数为三百二十坊；每坊每边长三百步，故坊的周长为一千二百步。所征发的是以汉族人民为主的汉胡各族劳动者。

景明三年（502）冬天，也就是孝文帝死后第三年，洛阳宫殿才大致完成。于是宣武帝在十一月己卯下诏："京洛兵芜，岁逾十纪。先皇定鼎旧都，惟新魏历，翦扫榛荒，创兹云构，鸿功茂绩，规模长远。今庙社乃建，宫极斯崇，便当以来月中旬，蠲吉徙御。仰寻遗意，感庆交衷。"十二月戊子，诏曰："民本农桑，国重蚕籍，粢盛所凭，冕织攸寄。比京邑初基，耕桑暂缺，遗规往旨，宜必祗修。今寝殿显成，移御维始，春郊无远，拂羽有辰。便可表营千亩，开设宫坛，秉耒援筐，躬劝亿兆。""壬寅，飨群臣于太极前殿，赐布帛有差，以初成也。"在重要的诏书中一再提到农桑，完全忽视了祖先是从草原崛起的。

洛阳的城市建设，进展得很快，特别是佛寺及其附属的宝塔。杨衒之《洛阳伽蓝记·序》："至晋永嘉，唯有寺四十二所。逮皇魏受图，光宅嵩洛，笃信弥繁，法教愈盛。王侯贵臣，弃象马如脱屣；庶士豪家，舍资财若遗迹。于是招提栉比，宝塔骈罗。"到极盛时，洛阳的寺院竟多达一千三百六十七所，比西晋末年增加三十多倍。唯最后阶段寺院的突然大增，和军阀尔朱荣大事残杀王公大臣有关。因为这批要员的横死，许多家宅舍作佛寺。此事经过，在下一节还要提到。

此时北魏王朝的大力营建洛阳，具备良好的经济条件。《资治通鉴》卷一四九："魏累世强盛，东夷、西域贡献不绝，又立互市以致南货，至是府库盈溢。"《魏书》卷一一〇《食货志》："自魏德既广（武力强大），西域、东夷贡其珍物，充于王府。又于南垂立互市，以致南货；羽毛齿革之属，无远不至。神龟、正光之际（518—525），府藏盈溢。灵太后曾令公卿已下，任力负物而取之。又数赉禁内左右，所费无赀，而不能一丐百姓也。"一般人民生计的艰困和京城统治阶层生活的奢靡，构成严重的对照，最后终于导致草原帝国的沦亡。

《洛阳伽蓝记》卷四《城西》："于时国家殷富，库藏盈溢，钱绢露积于廊者，不可较数。"因之才有灵太后叫群臣尽量自动搬拿丝绢之事。《资治通鉴》卷一四四："魏司州牧广阳王嘉请筑洛阳三百二十三坊，各方三百步，曰：'虽有暂劳，奸盗永息。'丁酉，诏发畿内夫五万人筑之，四旬而罢。"这大概是先把洛阳的坊界和道路建立起来，作为经营国都的范畴，否则四十天的工夫是无法完成的。此处的关键在坊数，有说二百二十，有说二百二十三，有说三百二十三，如果坊数多达三百二十三，则元魏的洛阳城市规划，可能比隋唐东都洛阳还大些。

《魏书》卷六〇《韩麒麟传附子显宗传》，说孝文帝迁都洛阳后，此人曾数次上表，其中提道："伏见洛京之制，居民以官位相从，不依族类。然官位非常，有朝荣而夕悴，则衣冠沦于厮竖之邑，臧获腾于膏腴之里。物之颠倒，或至于斯。古之圣王，必令四民异居者，欲其业定而志专……假令一处弹筝吹笛，缓舞长歌；一处严师苦训，诵诗讲礼。宣令童龀，任意所从，其走赴舞堂者万数，往就学馆者无一。此则伎作不可杂居，士人不宜异处之明验也。"这一类的主张，后来对于洛阳城市的职能区分，似也不无影响。细读《洛阳伽蓝记》，可知城内北半部主为宫苑区，南半部是政府官吏的住宅，另有许多寺院。东郭的晖文等六里，是高等官吏的集中区，西郭最西边的寿丘里，为皇族居住区，俗称王子坊。南郭在洛水以南，有著名高阳王雍的宅第。一般居民及工商业者，分布在东郭偏北的建阳等三里、东郭偏东的殖货里和洛阳小市，西郭西阳门外御道两侧的洛阳大市以及相毗连的阜财、金肆二里。南朝降人和异国商旅，则集中在洛水以南的南郭。

元魏洛阳城西北角堡垒式的金墉城，始建于三国曹魏；背倚邙山，面对伊洛，地势稍高，整体呈长方形，由三座南北毗连的小城构成，有似邺都北城西北侧的三台（冰井台、铜雀台、金虎台）。南北长1048米，东西宽255米。城墙版筑，厚达12至13米。后来为西晋和北魏所沿用。北魏孝文帝迁都洛阳，最初就住在此处，曾大施修葺。《太平御览》引《洛阳地记》："洛阳城内西北角有金墉城，东北角有楼高百尺，魏文帝造也。"这个百尺楼可以望远。后来到明帝时，再通盘规划修筑金墉城的城池。明帝在修筑金墉城前后，还兴建了芳林园并重建了大夏门。此外，金墉城又是废帝、废后、废太子等的收容所。北魏分裂后金墉城虽经多次破坏，但隋代末年群雄角逐时，李密又曾据此以争天下。直到唐贞观年间才遭废弃。

一些祭祀用的坛和台、教育人才的学校，也和宫殿同时建立起来。《魏书》记载宣武帝元恪景明四年（503）"春正月乙亥，车驾籍田于千亩……三月己巳，皇后先蚕于北郊"。这完全是汉族王朝皇帝和皇后为提倡农桑的传统礼仪，原先的草原畜牧部族酋长，根本没有此项典礼。《资治通鉴》卷一四五记载宣武帝正始元年（504）："冬十一月戊午，魏诏营缮国学。时魏平宁日久，学业大盛。燕齐赵魏之间，教授者不可胜数，弟子著录多者千余人，少者犹数百。州举茂异，郡贡孝廉，每年逾众。"《魏书》又记正始四年（507）："今天平地宁，方隅无事，可敕有司准访前式，置国子，立太学，树小学于四门。"《洛阳记》："国子学宫与天子宫对，太学在开阳门外。"和平对文化发展是何等重要！

当时北朝的军事力量，仍胜过南朝；洛阳外围的许多州郡，皆被北魏占领，增加了他们对国都的安全感，放心努力营建。《魏书》记载永平二年（509），宣武帝元恪说："今京师天固，与昔不同，扬、郢、荆、益，皆悉我有；保险诸蛮，罔不归附；商洛民情，诚倍往日。"同书《茹皓传》："皓性微工巧，多所兴立。为山于天渊池西，采掘北邙及南山佳石。徙竹汝颍，罗莳其间；经构楼馆，列于上下。树草栽木，颇有野致。世宗（宣武帝）心悦之，以时临幸。"平城和邺城等地的一些重要文物，也逐渐被搬迁到了洛阳。永平四年（511）"五月己亥，迁代京铜龙置天渊池西"。但到延昌四年（515），宣武帝便死了，时年33岁，和他父亲孝文帝死亡年龄相同；他们父子两人的早死，使北魏王朝加速没落。

洛阳城内有8条主要大街，甚为规正壮观。宫城划分为南北两部，北部为园苑，南部是宫殿。在今金村，有俗称"金銮殿"的高地，应是北魏王朝主要殿堂所在。据文献记载："南宫太极殿，高十余丈，建翔凤于其上。"北宫德阳殿，可容一万人，完全利用文石作坛，"画屋朱梁，玉阶金柱"，有珠帘玉户及桂宫之称。

宫城位于大城的中北部而略偏西，连接金墉城，作南北向矩形；南北长1398米，东西宽660米，约占全城面积的十分之一。宫城的四周墙垣，保存也基本良好；墙基虽已埋没地下，但都能够连接起来。宫城内的宫殿遗址，分布颇为密集，经勘查发现的夯土台基，多达二三十处，并且存在着上下叠压的关系，表明构筑年代不同。

宫城南边发掘出来的一条东西向大街，宽度达40米，是北魏洛阳最宽的横街，它东通东阳门，西通西阳门，笔直地把洛阳城划分为南北两半。地势较高的北半部，到北魏晚期几乎全部被皇家征用；似乎世界上所有的都城，皇家总要占用最高的部分！地势在210至215米之间的南半部，正中偏西有北对阊阖门的南北向大街，这便是有名的铜驼街，为北魏洛阳城最宽的街道，宽达41至42米。在铜驼街的东西两侧，已探明不少大面积的夯土台基，似为中央衙署和庙、社的遗址。著名的永宁寺，就在铜驼街的西边。

为对付皇宫安全和政府机构不断增多的问题，撤除了皇宫两侧的市场——金市；城内只保留了少数几座和皇室有密切关系的寺院，其余大批寺院皆迁移到城外。而城内的官署、池沼、园林面积却与日俱增；当时宫城南边沿铜驼街的东西两侧，便有御史台、左右卫府、太尉府、司徒府等中央衙署以及太庙和太社；宫城东边有翟泉和太仓、导官等衙署；宫城西边有蒙汜池和武库、乘黄二署以及太仆寺；宫城北边又有芳林园。这不仅将宫城置于百官衙署和禁苑的拱卫之中，并且城的南部也成了以官府为主体的地区。

洛阳的13个城门，皆有美雅之名；有些是东汉、魏、晋保留下来的，有些经过孝文帝的改称。《洛阳伽蓝记·序》对此有较明细的记述：

> 太和十七年（493），高祖迁都洛阳，诏司空公穆亮营造宫室。洛阳城门，依魏晋旧名。东面有三门。北头第一门曰建春门。汉曰上东门，阮籍诗曰："步出上东门"是也。魏晋曰建春门，高祖因而不改。次南曰东阳门。汉曰中东门，魏晋曰东阳门，高祖因而不改。次南曰青阳门。汉曰望京门，魏晋曰清明门，高祖改为青阳门。南面有四门。东头第一门曰开阳门……自魏及晋，因而不改，高祖亦然。次西曰平昌门，汉曰平门，魏晋曰平昌门，高祖因而不改。次西曰宣阳门，汉曰小苑门，魏晋曰宣阳门，高祖因而不改。次西曰津阳门，汉曰津门，魏晋曰津阳门，高祖因而不改。西面有四门。南头第一门曰西明门，汉曰广阳门，魏晋因而不改，高祖改为西明门。次北曰西阳门，汉曰雍门，魏晋曰西明门，高祖改为西阳门。次北曰阊阖门，汉曰上西门，上有铜璇玑玉衡，以齐七政（按指日月五星），魏晋曰阊阖门，高祖因而不改。次北曰承明门……

高祖所立，当金墉城前东西大道。迁京之始，宫阙未就，高祖住在金墉城。城西有王南寺，高祖数诣寺与沙门论议，故通此门，而未有名，世人谓之新门。时王公卿士常迎驾于新门。高祖谓御史中尉李彪曰："曹植诗云：谒帝（指其兄曹丕）承明庐。此门宜以承明为称。"遂名之。北面有二门。西头曰大夏门，汉曰夏门，魏晋曰大夏门，高祖因而不改。宣武帝尝造三层楼，去地二十丈。洛阳城门楼皆两重，去地百尺，惟大夏门甍栋干云。东头曰广莫门，汉曰穀门，魏晋曰广莫门，高祖因而不改。自广莫门以西，至于大夏门，宫观相连，被诸城上也。一门有三道，所谓九轨。

陆机《洛阳记》："宫门及城中大道皆分作三。中央御道，两边筑土墙，高四尺余，外分之。唯公卿尚书章服者从中道，凡人皆从左右，左入右出。夹道种榆槐树。此三道四通五达也。"

上列城门，是指大城的城门；后来街市区的发展，远远超过这城圈的范围，特别是东、南、西三边。北边因为接近邙山，且属宫城和园苑区，不是商业区和住宅区所能发展的地区。

这座故城的东、西、北三面墙垣，现在还断断续续地保存着；其中北垣东段和东垣的残墙高达5至7米不等。虽然有几段墙垣在地面上已看不见，但其墙基仍都埋在地下，可以找到。因此除了南墙垣受洛水河道北移冲毁之外，其余三面墙垣，基本上都保存完整，不难复原。（参阅陈正祥《串城记》第十篇《洛阳北魏故城》及所附图片。）

根据实测结果，西垣残长4290米，北垣全长3700米，东垣残长3895米，南垣长度暂以东西垣的间距2460米计算，则故城的周长约合14公里。城墙残存的东、西、北三面，共有14个缺口，皆为当时的城门所在。

《晋元康地道记》："城内南北九里七十步，东西六里十步，为地三百（里）[顷]一十二亩有三十六步。"《续汉书·郡国志》引《帝王世纪》："城东西六里十一步，南北九里一百步。"由于此等记载，古人就认定汉魏故城是"九六城"，长九里，宽六里。

洛阳市况最盛时，东西20里，南北15里，大大超越了先世所谓"九六城"的范围。杨衒之《洛阳伽蓝记》说居民10万9000户，人口应该超过50万。高欢强迫东魏迁都邺城时，却说被迫迁的居民多达40万户。此项巨大的差异，料系统计地区范围不同所造成；或许被高欢逼迁的只是40万人，而并非40万户。同书又说："庙社宫室府曹以外，方三百步为一里；里开四门，门置里正二人，吏四人，门士八人。"此处所说的里，就是后来隋唐所说的坊。隋唐长安的都城布局，基本上遵照了北魏洛阳的规划。最明显的一点，隋唐长安城把宫城安置在大城的西北隅，也很可能是受到洛阳城内存在着金墉城的影响。而隋唐长安城的格局，又影响到了日本的故都平城京和京都。

北魏洛阳城的勘探工作，迄今尚未全部完成。根据历史文献，洛阳外郭的中部，夹御路的两侧，似有一向南突出的部分；而突出部分的尽头，且位于"伊水之阳"（当时洛水在今日洛水南）。《洛阳伽蓝记》卷三：

> 宣阳门外四里至洛水上作浮桥，所谓永桥也……永桥以南，圜丘（皇帝祭天之所）以北，伊洛之间，夹御道。东有四夷馆……道西有四夷里……别立市于洛水南，号曰四通市，民间谓永桥市。伊洛之鱼，多于此卖，士庶须脍，皆诣取之。鱼味甚美，京师语曰："洛鲤伊鲂，贵于牛羊。"永桥南，道东有白象、狮子二坊。白象者，永平二年（509）乾陀罗国胡王所献……真是异物。常养象于乘黄曹，象常坏屋毁墙，走出于外，逢树即拔，遇墙亦倒；百姓惊怖，奔走交驰。太后遂徙象于此坊。

照这样的情况推断，当时洛阳的南北宽度，最宽处不止15里，而是20里。如推测不误，则北魏洛阳城的规模，可能比后来隋唐的长安城还要大些。《唐六典》卷七："今京城……东西十八里一百一十五步，南北十五里一百七十五步。"

佛寺浮图之多，是北魏洛阳的一大特色。城内城外，共达1367所，其中城内占500多所。有的里坊，例如东郭的建阳里，居然建有10座佛寺。洛阳佛寺之多，不能不大部分归功于美艳、贪残、放荡、靡费而最后死得很惨的灵太后。她名叫胡充华，安定临泾人。原是宣武帝元恪的贵嫔，所生儿子元诩继位为皇帝，她先升格为皇太妃，不久再升级为皇太后。元恪死时，高皇后想杀胡贵嫔，结果没有成事，自己反被徙居瑶光寺为尼，非大庆节不得入宫。她在熙平三年（518）暴卒。《资治通鉴》卷一四九："太后好佛，营建诸寺，无复穷已……诸王、贵人、宦官、羽林各建寺于洛阳，相高以壮丽。太后数设斋会，施僧物动以万计。"《魏书》卷一九《任城王澄传》:"灵太后锐于缮兴,在京师则起永宁、太上公等佛寺,功费不少。外州各造五级佛图。又数为一切斋会,施物动至万计。百姓疲于土木之功,金银之价为之踊上,削夺百官事力,费损库藏,兼曲贵左右,日有数千。"

《资治通鉴》卷一四八说北魏神龟元年,亦即熙平三年,公元518年,司空任城王澄奏:"昔高祖迁都,制城内唯听置僧尼寺各一,余皆置于城外;盖以道俗殊归,欲其净居尘外故也。正始三年(506),沙门统惠深,始违前禁。自是卷诏不行,私谒弥众。都城之中,寺逾五百,占夺民居,三分且一。屠沽尘秽,连比杂居……臣谓都城内寺,未成可徙者,宜悉徙于郭外……然卒不能行。"

细心阅读《洛阳伽蓝记》,可以看出当时300多个里的安排,已表现了城市职能的区分。除宫城园苑和贵族重臣的住宅区外,某些商业也有集中在某些里的趋势。该书卷四:出西阳门外四里御道南,有洛阳大市,周回八里。市西北有土山鱼池。市东有通商、达货二里。里内之人,尽皆工巧、屠贩为生,资财巨万。市南有调音、乐律二里。里内之人,丝竹讴歌,天下妙伎出焉。市西有延酤、治觞二里,里内之人多酝酒为业。市北有慈孝、奉终二里,里内之人以卖棺椁为业,赁輀车(丧车)为事。别有阜财、金肆二里,富人在焉。凡此十里,多诸工商货殖之民。千金比屋,层楼对出。重门启扇,阁道交通,迭相临望。金银锦绣,奴婢缇衣。五味八珍,仆隶毕口,神龟年中,以工商上僭,议不听衣金银锦绣,虽立此制,竟不施行。

皇族宗室的住宅，集中分布在西郊，有一个南北狭长的里，叫作寿丘里，面积很大。《洛阳伽蓝记》卷四："自延酤以西，张方沟以东，南临洛水，北达芒山，其间东西二里，南北十五里，并名为寿丘里，皇宗所居也。民间号为王子坊。"此一狭长地带，系在城区以西，也就是现在白马寺以西地带。

《洛阳伽蓝记》卷四：

> 当时四海晏清，八荒率职，缥囊纪庆，玉烛调辰。百姓殷阜，年登俗乐……于是帝族王侯，外戚公主，擅山海之富，居川林之饶。争修园宅，互相夸竞。崇门丰室，洞户连房，飞馆生风，重楼起雾。高台芳榭，家家而筑；花林曲池，园园而有。莫不桃李夏绿，竹柏冬青。

同书卷三描写高阳王元雍的住宅：

> 正光中，雍为丞相，给羽葆鼓吹、虎贲班剑百人，贵极人臣，富兼山海。居止第宅，匹于帝宫。白壁丹楹，窈窕连亘，飞檐反宇，辘轳周通。僮仆六千，妓女五百。隋珠照日，罗衣从风。自汉晋以来，诸王豪侈，未之有也。出则鸣驺御道，文物成行；铙吹响发，笳声哀转。入则歌姬舞女，击筑吹笙。丝管迭奏，连宵尽日。其竹林鱼池，侔于禁苑，芳草如积，珍木连阴。雍嗜口味，厚自奉养，一食必以数万钱为限。海陆珍羞，方丈于前。陈留侯李崇谓人曰："高阳一食，敌我千日。"

当时洛阳城中,皇族的生活非常豪侈。《资治通鉴》卷一四九:"时魏宗室权幸之臣,竞为豪侈,高阳王雍,富贵冠一国,宫室园圃,侔于禁苑,僮仆六千,伎女五百,出则仪卫塞道路,归则歌吹连日夜,一食直钱数万……河间王琛,每欲与雍争富,骏马十余匹,皆以银为槽,窗户之上,玉凤衔铃,金龙吐旆。尝会诸王宴饮,酒器有水精锋、马脑椀、赤玉卮;制作精巧,皆中国所无。"这和他们远祖住嘎仙洞的生活比较,又从何说起呢?当权人物如此贪婪荒唐,只讲求个人的物质享受,国家哪有不乱不亡之理!

洛阳盛时,外国人很多,侨居的超过一万户。《洛阳伽蓝记》卷三:"商胡贩客,日奔塞下,所谓尽天地之区已。乐中国土风因而宅者,不可胜数。是以附化之民,万有余家。门巷修整,阊阖填列,青槐荫陌,绿柳垂庭。天下难得之货,咸悉在焉。"外国史家的有关著作中,也提到当时洛阳市况的繁盛。

前当孝文帝迁都洛阳之初,代北保守派曾大事反对,使皇帝伤透脑筋。现经久居洛阳,觉得生活舒适得很,根本不想回北了。有谣言说宣武帝要还都平城,反引起他们极大的惶恐。是什么力量使得他们觉得洛阳的生活比平城好?那是有莫大融合潜力的汉文化。

《魏书》卷一五《昭成子孙列传·元晖传》:

> 初,高祖迁洛,而在位旧贵皆难于移徙,时欲和合众情,遂许冬则居南,夏便居北。世宗颇惑左右之言,外人遂有还北之问。至乃榜卖田宅,不安其居。晖乃请间言事。

> 世宗曰:"先皇迁都之日,本期冬南夏北,朕欲聿遵成诏,故有外人之论。"晖曰:"先皇移都,为百姓恋土,故发冬夏二居之诏,权宁物意耳。乃是当时之言,实非先皇深意。且北来迁人,安居岁久,公私计立,无复还情。陛下终高祖定鼎之业,勿信邪臣不然之说。"世宗从之。

元晖此人颇爱文学,曾招儒士崔鸿等撰录百家要事,以类相从,名为《科录》,共270卷;上起伏羲,迄于晋宋,凡14代。

原先城外地区,也迅速发展起来。北魏洛阳的三大市场便全在城外:大市在城西,包含市场及其周围10个里坊的广大地区;小市在城东,市场旁边也存在和商务活动有关的坊里;四通市在城南,邻近洛河的永桥以及四夷馆、四夷里,为伊、洛河水产和海外奇珍交易的中心。城外其他地区,尚有一些工商业颇为发达之处。城东建春门外故常满仓址,北魏开辟为租场。城外的里坊,建有众多的寺院、官署以及贵族和官僚的宅第。至此,城外地区已成为洛阳的重要组成部分,故外郭城的修筑也就必要了。

《洛阳伽蓝记》卷二:"(城东)崇义里东有七里桥,以石为之,中朝杜预之荆州出顿之所也。七里桥东一里,郭门开三道,时人号为三门,离别者多云:'相送三门外。'京师士子送去迎归,常在此处。"这里既明白说设有郭门,那么就应当有郭城的城墙。

北魏洛阳是否修筑了郭城,曾成为史家争论的课题之一。近年的考古采勘工作,已帮助中国史学界解决了此一问题。在

20世纪60年代初期,考古研究所洛阳汉魏故城工作队,曾在邙山探到数段北魏外郭城北墙的残迹,总的长度1000多米;1984年,该工作队又在从今天洛河北岸到邙山南麓的范围内,发现了外郭城西墙的遗迹,总的长度超过4000米;并在郭城墙上探到大道缺口3处,可能是郭门遗址。此等发现,肯定了北魏洛阳外郭城城墙的存在。

那时候南北朝对立,统治阶层为了各自的利益,相互贬低,于是南人称北人为索虏或北虏,北人骂南人为岛夷[1]。其实当时北方在元魏统治下,若干时期人民尚能享受颇好的生活。《洛阳伽蓝记》卷二记永安二年(529),亦即北魏迁都洛阳30多年后,南朝梁国人陈庆之从洛阳南归后,曾说:"自晋宋以来,号洛阳为荒土;此中谓长江以北尽是夷狄。昨至洛阳,始知衣冠士族并在中原;礼仪富盛,人物殷阜。"其实当时陈庆之所见的洛阳,已经战祸连年、兵荒马乱,远不及较早时的逸乐繁盛了!南朝梁武帝大通二年(528),即北魏孝庄帝建义元年,梁武帝萧衍派遣亲信的将军陈庆之率兵数千人护送北魏降人北海王元颢回洛阳争夺帝位。翌年孝庄帝逃亡山西,陈庆之等进入洛阳,元颢改元称帝。梁兵进入魏境,一路取得32城,接战47次,每战必胜。这并非因为萧梁兵力强大,主要是因为北魏有人拥戴元颢。但结果是陈庆之被尔朱荣所败,元颢被杀。他们占有洛阳,前后仅得65天。以尔

---

[1] 因为鲜卑拓跋部人的头发打成辫子,好像绳索一样,故被南人称为索头。但北朝文书常称南朝为岛夷,却颇使人莫名其妙。

朱荣为首的尔朱氏集团，当时实拥有北方最强大的兵力，嚣张跋扈。

当尔朱荣从洛阳率兵回晋阳后，横行东方的葛荣乘机南下，前队已过汲郡城，洛阳受到威胁。于是同年尔朱荣又亲率精骑7万，以侯景为前锋，在邺城北大破葛荣，阵上擒获葛荣，送到洛阳杀了。

陈庆之被击败后，削掉头发，化装为和尚，间关出汝阴，逃回建康。当他亲眼看见洛阳的繁盛后，对中原的观念完全改变。《资治通鉴》卷一五三：庆之自魏还，特重北人。朱异怪而问之，庆之曰："吾始以为大江以北皆戎狄之乡，比至洛阳，乃知衣冠人物尽在中原，非江东所及也，奈何轻之？"

元魏洛阳城的兴建，到503年才具有轮廓。永熙三年（534）孝武帝元脩在七月为斛斯椿所逼，西走长安；十月孝静帝元善见继位，受到高欢的压迫，北迁邺城。于是元魏分裂为西魏和东魏，洛阳不再是帝都，市况迅速衰落。

《资治通鉴》卷一五六："丞相欢以洛阳西逼西魏，南近梁境，乃议迁邺，书下三日即行。丙子，东魏主发洛阳，四十万户狼狈就道。收百官马，尚书丞郎已上非陪从者，尽令乘驴。欢留后部分，事毕，还晋阳。"

在此以前，虽有军阀不断侵占洛阳，但罪行多限于劫掠和残暴，宫殿本身未受破坏。尔朱兆为尔朱荣报仇而入侵洛阳，曾经"焚太常乐库，钟磬俱尽"，但洛阳所受损害还是局部的。

元魏政府撤离洛阳后，改司州为洛州〔洛州是在太和十七年（493）改成司州］，以尚书令元弼为洛州刺史，镇守洛阳。京都应该还是完整的。但第二年，也就是535年，高欢就下令拆迁洛阳宫殿了。《资治通鉴》卷一五六："东魏使尚书右仆射高隆之发十万夫撤洛阳宫殿，运其材入邺。"

接着是537年西魏的独孤信入侵洛阳，占领了金墉城，"时洛阳荒废，人士流散"。翌年东魏侯景、高敖曹等反击，包围独孤信于金墉城；稍后高欢也亲率大军到达，加入战斗。于是"景悉烧洛阳内外官寺民居，存者什二三"。这个侯景后来投奔南朝，还烧过建康及邻近各繁华城市，又困死收容他的梁武帝萧衍，是中国历史上最可恶的大破坏者之一。

金墉城是堡垒式的城中之城，大概很具有战略性；西魏从洛阳败退时还留人坚守，高欢又回军攻打金墉城，长孙子彦才弃城逃走，"焚城中室屋俱尽"。于是高欢毁弃金墉城而还晋阳。

东西魏的拉锯战继续进行，终使"河南州郡，鞠为茂草；公私困竭，民多饿死"。洛阳最后一次被彻底破坏，发生于543年的邙山大战。爆发这次大战的近因，是性好渔色的高欢长子高澄曾侵犯高仲密妻室，接着身为北豫州刺史的高仲密就据虎牢叛变，投向西魏。宇文泰认为机不可失，亲自领兵支援高仲密，很快包围了河桥南城（洛阳）。于是高欢率10万兵马声讨，渡黄河据邙山为阵，大规模的战斗就展开了。《魏书》卷一二《孝静帝纪》：武定元年（543）三月"戊申，齐献武王（高欢）讨黑獭（宇文泰），战于邙山，大破之……俘斩六万余……豫洛二州平。"此处，《魏书》和《北齐书》，皆作俘斩六万余，《资治通鉴》却说斩首三万余级。这可能是因为"斩首"和"俘斩"的含义不同。这次大战的确激烈，宇文泰和高欢都几乎送命，西魏被俘虏的兵也很多。到了武定三年（545）十一月，高欢曾要东魏朝廷"释邙山俘囚桎梏，配以民间寡妇"。

经过这次彻底摧毁，除了石碑之类以外，洛阳大概所剩无几了。公元546年，高澄就把洛阳所剩下的石经五十二碑，搬迁邺城，部分失落河中，珍贵文物，就如此这般地被无知军人任意损毁！

再过一年，也就是武定五年（547），《洛阳伽蓝记》的作者杨衒之因出差路过洛阳，他所能看见的就只有"城郭崩毁，宫室倾覆，寺观灰烬，庙塔丘墟，墙被蒿艾，巷罗荆棘"的荒废景象了。

汉魏故城在洛阳以东约15公里，介于邙山和洛水之间，呈不规则的长方形，是全国重点文物保护单位之一。陇海铁路和郑洛公路横贯城中。现在除了残存的古城墙以及少数建筑基址外，完全已变成农田，仅有几处村落点缀其间。

研究洛阳的城市兴衰或历史地理，不可不读《洛阳伽蓝记》。此书虽以记载佛寺为题，但实际着重检讨当时的政治、人物、风俗和地理。它不但给古洛阳留下了一项重要记录，而且文笔极其隽丽。但关于作者本身的事迹，可考的绝少，连生卒年也不清楚。他没有做过大官，似乎只担任过秘书监、抚军府司马以及期城郡守等职，因此《魏书》和《北史》中都找不到关于他的资料。所幸该书自序提到"至武定五年，岁在丁卯，余因行役,重览洛阳",才可肯定是在547年以后完成,并且很可能就是在这一年写的。

汉魏洛阳城在中国古代城市的发展史上,具有重要的地位;它对隋唐时代长安城和东都洛阳城的形制,有着显著的影响。1962年夏天,考古研究所洛阳工作队进行了此一故城的勘查工作。首先以钻探勘查为主,并结合一些试掘工作,目的在探明整个故城的结构和布局。经过两年的工作,初步探明了故城的垣墙、门阙、街道、护城河和故城西北隅金墉城的准确范围,以及东北角的殿台和仓厩等的遗存;又探明了永宁寺和宫城的范围以及其部分的殿台基址。此外,还在南郊初步探出了汉魏时代的"三雍"遗址范围和一些殿台遗址,并于1972年进行了发掘。

不要忘记,整个南北朝两种辉煌的地理学著作——《水经注》和《洛阳伽蓝记》,皆产生于北朝,而且都出现于北魏末期,这是汉化的成果和结晶;没有孝文帝的彻底汉化政策,就不可能有这两部不朽的书!亲身跟随过孝文帝巡行的郦道元,他从青少年时期起,便爱好山水,曾广泛搜集各种资料,注录全国大小河川1252条;凡水道经过的地方,因水记山,因地记事;对所有山陵城邑的地理沿革、风土人情,以及有关历史典故和神话传说,都作了详细的叙述,而且文笔也很流畅优美。杨衒之的《洛阳伽蓝记》,述事要言不烦,文笔简明清丽,是有关洛阳历史地理最重要的著述。杨衒之在东魏武定五年(547)路过毁弃后的洛阳,因而追忆战乱前洛京繁华的情况,描写寺塔建筑的宏丽、城市生活的丰富以及贵族和官僚起居的奢侈，反映了当时洛阳的经济文化状态，也流露了作者个人对政治和宗教的观点以及对国家治乱兴亡的感慨。该书卷五所保存的宋云等人西行求法的记录，是有关当时中西交通的珍贵资料。

十一　佛教·寺院·石窟

佛教思想对于草原民族的特质,明显地有过颇为深刻的影响,特别是对他们骑在马背上的残忍好杀的改变。佛是戒杀的,喇嘛教是佛教的一支,明清两代曾利用喇嘛教转移蒙古人的好战习性。在此以前,蒙古人的军力征服过整个欧亚大陆,差一点连剩余的欧洲半岛也吞掉。

中国人虽早在西汉时代就同佛教接触,但佛教在中国的初期发展很慢。佛教在天竺发祥后,不久就传播到大月氏人所建立的贵霜国,地当今日阿富汗和巴基斯坦北部,葱岭之南,邻接西域。大月氏人原居河西走廊祁连山区,后被匈奴侵略,向西迁徙,但有一部分人留居原地,彼此间仍保持往来。佛教就靠大月氏人带入河西,向东再到达中原。同时也由海道传入中国南部。《魏书》卷一一四《释老志》:"哀帝元寿元年(公元前2年),博士弟子秦景宪受大月氏王使伊存口授浮屠经。中土闻之,未之信了也。"[1]

---

[1] 世居敦煌的竺法护,便是月氏人,他曾游学西域诸国,通晓多国语文,求得大量佛经,返回东土后,专心译经,对佛教的流传有所贡献。西晋时有不少僧人翻译佛经,但译经最多、声名最大的应推竺法护。他被视为西晋佛教的代表人物。

被尊称为中国佛教"祖庭"或"释源"的白马寺，系建于东汉明帝永平十一年（68），为佛教传入中国后创建的第一座寺院，比大月氏使臣口授佛经已迟70年。《魏书》和《洛阳伽蓝记》等书，都记载了汉明帝刘庄（58—75年在位）派蔡愔、秦景二人出使天竺求佛经和佛法，历尽艰辛。他们在大月氏遇到天竺高僧摄摩腾和竺法兰，得到佛经和释迦佛像，遂邀请两位高僧同来中国讲经传法。于是一行用白马驮载佛经、佛像回到洛阳。所以洛阳在中国佛教史上，占有优先的地位。

明帝为礼待天竺高僧，翌年敕令在洛阳城西雍门外御道之北，按照天竺佛教传统形式，建造一座僧院让二人居住，并在此翻译佛经。因为白马驮载佛经而回，故名曰白马寺。白马寺规模宏伟，占地甚广，历史已长达1900多年。地点在汉魏洛阳故城之西1.5公里处，今洛阳到郑州主要公路之旁，西距洛阳市区约12公里，现为全国重点文物保护单位之一。

白马寺之名，始见于西晋竺法护译经诸记中。《洛阳伽蓝记》卷四对白马寺的记载：

> 寺在西阳门外三里御道南。（汉明）帝梦金神，长丈六，项背日月光明。胡人号曰佛，遣使向西域求之，乃得经像焉。时以白马负经而来，因以为名……寺上经函，至今犹存。常烧香供养之，经函时放光明，耀于堂宇。是以道俗礼敬之，如仰真容。浮图前柰林（按石榴）、蒲萄异于余处；枝叶繁衍，子实甚大。柰林实重七斤，蒲萄实伟于枣，味并殊美，冠于中京。帝至熟时，常诣取之，或复

> 赐宫人。宫人得之，转饷亲戚，以为奇味。得者不敢辄食，乃历数家。京师语曰："白马甜榴，一实直牛。"

说一颗石榴，价值同一头牛相埒。

东汉和曹魏，传播佛教的皆为胡僧。汉人拜佛无非是想禳灾求福，并不注重佛书的内容。魏晋之际，胡僧东来渐多，彼等初时守戒律而被轻视为乞胡，到晋代依附玄学而上升为贤达，佛教在中土的流传因此前进了一大步。洛阳佛寺愈来愈多，中国士族中也开始有人出家学佛。[1]

魏晋南北朝时，佛教在中土广为流传，西行求法的人很多，包括朱士行、竺法护、法显等；或往西域，或去天竺。大量佛经被翻译成中文，共达1000多部、3400多卷。佛教的许多流派先后传入中国或在中土创立，出现了不少著名的高僧。

佛教的因果报应和三世轮回说，建立起"形神相异"灵魂不生不灭的臆想，也就是精神可以脱离形体而独存。佛教臆造出一个虚幻世界，和现实世界相对立；又美化人死后的灵魂生活，同人间的生活相悬殊；要求信徒忍受现实生活中的苦难，而把希望寄托于来世。这和统治者的利益是相符的，帝王贵族可以从这种教义中得到精神上的安慰，生前享受富贵荣华；只要信佛，能作功德，来世还可以继续享受。故他们乐于提倡佛

---

[1] 最早出家的知名人士应推朱士行，他在曹魏甘露五年（260）出家，曾到于阗国求梵书及胡本佛经，在外国20多年。西晋初期回国，翻译出《放光般若经》，宣扬大乘教义。

教,到处兴建佛寺,雕塑佛像。平民企求来世的"极乐世界",也愿意信佛。北魏末年,北方各地共有佛寺3万多所,僧尼共200万人,这在当时的全部人口中占了很高比例。

佛教和道教,不断相互影响,却又彼此排斥。佛教初兴起时,本同黄老道术相提并论;而道教在其形成过程中,更多方面吸收了佛学的观念和形式。当道教得到了发展之后,就积极和佛教竞争地位。道教主要人物葛洪,在其所著《抱朴子》里,除了说明神仙丹药、鬼怪变化、养生延年、禳邪却祸之类外,又认定君臣上下、尊卑等级、设官分职,乃天理自然,不能改变。他主张臣下应和人君结合为一体,统治人民,也提倡严刑峻法,以杀止杀。后来太武帝等人的禁废佛教而相信道教,似和道教的此项观点有关。

鲜卑部族早期在草原地带活动时,可能已接触到佛教,但未曾信奉。力微时同曹魏和西晋有往来,太子沙漠汗又长住洛阳。《魏书·序纪》说沙漠汗在力微四十二年(261)到洛阳,四十八年(267)才回国。同书《释老志》:

> 及神元与魏、晋通聘,文帝久在洛阳,昭成(什翼犍)又至襄国,乃备究南夏佛法之事。太祖(道武帝拓跋珪)平中山,经略燕赵,所径郡国佛寺,见诸沙门、道士,皆致精敬,禁军旅无有所犯。帝好黄老,颇览佛经……天兴元年(398),下诏曰:"夫佛法之兴,其来远矣。济益之功,冥及存没;神踪遗轨,信可依凭。其敕有司,于京城建饰容范,修整宫舍,令信向之徒,有所居止。"是岁,

始作五级佛图、耆阇崛山及须弥山殿,加以缋饰。别构讲堂、禅堂及沙门座,莫不严具焉。太宗(明元帝拓跋嗣)践位,遵太祖之业,亦好黄老,又崇佛法;京邑四方,建立图像,仍令沙门敷导民俗。

世祖太武帝拓跋焘初即位时,也跟太祖、太宗一样奉佛。《魏书》说他

> 每引高德沙门,与共谈论。于四月八日(佛诞日),舆诸佛像,行于广衢;帝亲御门楼,临观散花,以致礼敬。先是,沮渠蒙逊在凉州,亦好佛法……凉州自张轨后,世信佛教。敦煌地接西域,道俗交得其旧式,村坞相属,多有塔寺。太延中,凉州平,徙其国人于京邑,沙门佛事皆俱东,象教弥增矣。寻以沙门众多,诏罢年五十已下者。

这是指拓跋焘只许年50以上的老年人出家当和尚。他仍需青壮人力补充他的兵源,到处征讨。

太武帝因受寇谦之的影响,逐渐觉得道教"清净无为,有仙化之证",而他的军师式宠臣崔浩,也反对信佛[1],这给北魏

---

[1]《魏书》卷三五《崔浩传》:"浩非毁佛法,而妻郭氏敬好释典,时时读诵。浩怒,取而焚之,捐灰于厕中。及浩幽执,置之槛内,送于城南,使卫士数十人溲其上,呼声嗷嗷,闻于行路。自宰司之被戮辱,未有如浩者,世皆以为报应之验也。"本传的最末两句是:"何斯人而遭斯酷,悲夫!"

前期的佛教带来了厄运。触发的契机则是长安僧人不守清规。《魏书·释老志》：

> 会盖吴反杏城，关中骚动，帝乃西伐，至于长安。先是，长安沙门种麦寺内，御骊牧马于麦中，帝入观马。沙门饮从官酒，从官入其便室，见大有弓矢矛盾，出以奏闻。帝怒曰："此非沙门所用，当与盖吴通谋，规害人耳！"命有司案诛一寺，阅其财产，大得酿酒具及州郡牧守富人所寄藏物，盖以万计。又为屈室，与贵室女私行淫乱。帝既忿沙门非法，浩时从行，因进其说。诏诛长安沙门，焚破佛像，敕留台下四方令，一依长安行事。又诏曰："彼沙门者，假西戎虚诞，妄生妖孽，非所以一齐政化，布淳德于天下也。自王公已下，有私养沙门者，皆送官曹，不得隐匿。限今年二月十五日，过期不出，沙门身死，容止者诛一门。"

大大小小的敌国都被他灭亡了，现在他要向佛陀显威风了。《魏书》卷四《世祖纪》太平真君七年（446）"三月，诏诸州坑沙门，毁诸佛像。徙长安城工巧二千家于京师……（四月）戊子，邺城毁五层佛图，于泥像中得玉玺二，其文皆曰'受命于天，既寿永昌'，其一刻其旁曰'魏所受汉传国玺'"。此处的魏指三国曹魏，并非拓跋魏。邺城是曹魏的发祥地，在他们看来比洛阳和许昌更重要。

当时监国的太子拓跋晃，却素敬佛道，数上表陈说刑杀沙门太滥，太武帝并不理会，且再下诏书："自今以后，敢有事胡神及造形像泥人、铜人者，门诛……有司宣告征镇诸军、刺史，诸有佛图形像及胡经，尽皆击破焚烧，沙门无少长悉坑之。"太子晃的陈情虽不受采纳，但他故意压后宣布诏书，给佛徒们有时间避难。《魏书·释老志》："恭宗（太子晃）言虽不用，然犹缓宣诏书，远近皆豫闻知，得各为计。四方沙门，多亡匿获免；在京邑者，亦蒙全济。金银宝像及诸经论，大得秘藏。而土木宫塔，声教所及，莫不毕毁矣。"于是佛教沦弃达七八年，直到太武帝死亡。

高宗文成帝拓跋濬即位后，立即解禁而恢复了佛教。"今制诸州郡县，于众居之所，各听建佛图一区，任其财用，不制会限。其好乐道法，欲为沙门，不问长幼，出于良家，性行素笃，无诸嫌秽，乡里所明者，听其出家。率大州五十，小州四十人，其郡遥远台者十人……天下承风，朝不及夕，往时所毁图寺，仍还修矣。佛像经论，皆复得显。"京师沙门师贤，于解禁之日，便返沙门，其同辈五人，皇帝亲为下发。"师贤仍为道人统。是年，诏有司为石像，令如帝身……兴光元年（454）秋，敕有司于五级大寺内，为太祖已下五帝，铸释迦立像五，各长一丈六尺，都用赤金二十五万斤。"和平（460—465）初年，师贤病卒，昙曜接替道人统，稍后改名沙门统。帝奉昙曜以师礼。昙曜建议在京城西武州塞，凿山石壁，开窟五所，镌建佛像各一。高者七十尺，次六十尺，雕饰奇伟，冠于一世。这便是著名的云冈石窟的起源。[1]

孝文帝之父献文帝拓跋弘，对佛教"敦信尤深。览诸经论，

---

[1] 陈正祥《串城记》第六篇《云冈石窟》，上海书局，1988年。

好老庄，每引诸沙门及能谈玄之士，与论理要"。他当了5年皇帝，就把皇位让给5岁大的儿子，17岁便做太上皇帝。《魏书·释老志》："承明元年（476）八月，高祖（孝文帝）于永宁寺，设太法供，度良家男女为僧尼者百有余人，帝为剃发，施以僧服，令修道戒，资福于显祖。是月，又诏起建明寺……自兴光（454—455）至此，京城内寺新旧且百所，僧尼二千余人，四方诸寺六千四百七十八，僧尼七万七千二百五十八人。"

迁都洛阳后，佛教更为流行。孝文帝的儿子宣武帝元恪，尤其信佛。《魏书·释老志》：

> 世宗笃好佛理，每年常于禁中，亲讲经论，广集名僧，标明义旨。沙门条录，为内起居焉。上既崇之，下弥企尚。至延昌（512—515）中，天下州郡僧尼寺，积有一万三千七百二十七所，徒侣逾众。熙平元年（516），诏遣沙门惠生使西域，采诸经律。正光三年（522）冬，还京师。所得经论一百七十部，行于世。

洛阳当时佛法盛行和寺院之多，不能不主要归功于美艳、贪残、放荡、佞佛、最后死得很惨的灵太后。《魏书》卷一九《任城王澄传》："灵太后锐于缮兴，在京师则起永宁、太上公等佛寺，功费不少。外州各造五级佛图。又数为一切斋会，施物动至万计。百姓疲于土木之功，金银之价为之踊上，削夺百官事力，费损库藏，兼曲赉左右，日有数千。澄故有此表。"洛阳佛寺之分布，兼在城内城外；全部超过1300所，城内占500

多所。

《魏书·释老志》：

> 肃宗熙平中，于城内太社西，起永宁寺。灵太后亲率百僚，表基立刹。佛图九层，高四十余丈，其诸费用，不可胜计。景明寺佛图，亦其亚也。至于官私寺塔，其数甚众。神龟元年（518）冬，司空公、尚书令、任城王澄奏曰："……故都城制云，城内唯拟一永宁寺地，郭内唯拟尼寺一所，余悉城郭之外。欲令永遵此制，无敢逾矩。逮景明之初，微有犯禁。故世宗仰修先志，爰发明旨，城内不造立浮图、僧尼寺舍，亦欲绝其希觊。文武二帝，岂不爱尚佛法，盖以道俗殊归，理无相乱故也。但俗眩虚声，僧贪厚润，虽有显禁，犹自冒营。至正始三年（506），沙门统惠深有违景明之禁，便云：'营就之寺，不忍移毁，求自今已后，更不听立。'先旨含宽，抑典从请。前班之诏，仍卷不行，后来私谒，弥以奔竞……自迁都已来，年逾二纪，寺夺民居，三分且一……昔如来阐教，多依山林，今此僧徒，恋著城邑，岂湫隘是经行所宜，浮喧必栖禅之宅，当由利引其心，莫能自止。处者既失其真，造者或损其福，乃释氏之糟糠，法中之社鼠，内戒所不容，王典所应弃矣。"

此一《奏禁私造僧寺表》，朝廷曾加以接纳，但不久"天下丧乱，加以河阴之酷；朝士死者，其家多舍居宅，以施僧尼，京邑第舍，略为寺矣。前日禁令，不复行焉"。[1]

永宁寺为北魏洛阳城内最大的寺院，可能也是中国历史上最大和最华丽的佛寺。建于孝明帝元诩熙平元年（516）；就在这一年，灵太后派遣沙门惠生出使西域，采诸经律。此前，天安二年（467）孝文帝出生时，北魏王朝在平城营造永宁寺，唯规模远不及洛阳的永宁寺。

《魏书》卷一一四《释老志》："肃宗熙平中，于城内太社西，起永宁寺。灵太后亲率百僚，表基立刹。佛图九层，高四十余丈；其诸费用，不可胜计。景明寺佛图，亦其亚也。"此处的佛图即浮图，为塔之意。塔在梵语中为"塔婆"，系由巴利文thupa转译而来；而"窣堵波"则由梵文stupa转译而来。又浮图、佛图、浮屠、佛陀，都是音声相似的译语。

北魏定都平城时，就建立过永宁寺；现在又于洛阳建永宁寺，仅属沿袭平城旧制。

永宁寺的遗址，现在已勘查清楚，它在北魏宫城南门阊阖门西南约一公里处，著名的铜驼街之西。寺院平面作长方形，南北298米，东西宽120米；四周有夯筑围墙，周长1040米。

九层浮图的塔基，在永宁寺遗址正中；残存有高大的夯土台基，高约8米。塔基平面呈正方形，分为3层；顶上两层，今天在地面上仍屹立可见。底层夯基近正方形，东西约101米，

---

[1] 公元530年，尔朱兆为尔朱荣报仇，占领洛阳。尔朱世隆为尔朱荣追福，以宦官刘腾住宅改建中寺。翌年司徒公杨椿为尔朱世隆所害，后舍住宅为景宁寺。舍巨宅为寺院，蔚为一时风尚。

南北约98米，基高2.1米；中层夯基面积缩小，亦作正方形，东西南北各长50米，高约3.6米；顶层台基系用土坯垒砌，呈正方形，面积约为10平方米。此和《水经注》所记永宁寺"浮图下基方十四丈"的规模相近似，足证《水经注》的描写多数准确。顶层台基残高2.2米，就在公路旁边。

关于永宁寺及其浮图，杨衒之《洛阳伽蓝记》卷一有如下的记载："永宁寺，熙平元年灵太后胡氏所立也，在宫前阊阖门南一里御道西。其寺东有太尉府，西对永康里，南界昭玄曹（按管理僧尼的官署），北邻御史台……寺南有太庙，庙南有护军府，府南有衣冠里。"指出所在位置很重要，而杨衒之曾经任职过的护军府，就在寺的南边，所以他对寺和塔知道得很清楚。

> 中有九层浮图一所，架木为之，举高九十丈；有金刹（相轮）复高十丈，合去地一千尺。去京师百里，已遥见之。[1]初，掘基至黄泉下，得金像三十躯。太后以为信法之征，是以营造过度也。刹上有金宝瓶，容二十五斛。宝瓶下有承露金盘三十重，周匝皆垂金铎，复有铁锁四道，引刹向浮图四角。锁上亦有金铎；铎大小如一石瓮子。浮

---

[1] 这两个数字显然被过分夸张了。北魏的尺虽较现在市尺为短，唯木料建筑高达七八百尺，在当时似无可能。《水经注》"自金露盘下至地四十九丈"和《魏书·释老志》"佛图九层，高四十余丈"的两个说法比较近乎情理。

图有九级,角角皆悬金铎,合上下有一百二十铎。

浮图有四面,面有三户六窗,户皆朱漆。扉上各有五行金铃,合有五千四百枚。复有金环铺首,殚土木之功,穷造形之巧。佛事精妙,不可思议。绣柱金铺,骇人心目。至于高风永夜,宝铎和鸣,铿锵之声,闻及十余里。

浮图北有佛殿一所,形如太极殿。中有丈八金像一躯、中长金像十躯,绣珠像三躯,金织成像五躯,玉像二躯。作工奇巧,冠于当世。

僧房楼观,一千余间,雕梁粉壁,青琐绮疏,难得而言。栝柏松椿,扶疏檐霤,蘂竹香草,布护阶墀……外国所献经像,皆在此寺。

寺院墙皆施短椽,以瓦覆之,若今宫墙也。

四面各开一门。南门楼三重,通三阁道,去地二十丈,形制似今端门。图以云气,画彩仙灵,列钱青琐,赫奕华丽。拱门有四力士、四师子,饰以金银,加之珠玉,庄严焕炳,世所未闻。东西两门,亦皆如之……四门外,树以青槐,亘以绿水;京邑行人,多庇其下……

装饰毕功,明帝与太后共登浮图。视宫内如掌中,临京师若家庭。以其目见宫中,禁人不听升。衒之尝与河南尹胡孝世共登之,下临云雨,信哉不虚。时有西域沙门菩提达摩者,波斯国胡人也。起自荒裔,来游中土,见金盘炫日,光照云表,宝铎含风,响出天外。歌咏赞叹,实是神功。自云年一百五十岁,历涉诸国,靡不周遍;而此寺精丽,阎浮所无也。极佛境界,亦未有此。口唱南无,合掌连日。

至孝昌二年中，大风发屋拔树。刹上宝瓶随风而落，入地丈余。复命工匠，更铸新瓶。

建义元年，太原王尔朱荣总士马于此寺……永安二年五月，北海王元颢复入洛，在此寺聚兵……永安三年，逆贼尔朱兆囚庄帝于寺……

永熙三年二月，浮图为火所烧，帝登陵云台望火，遣南阳王宝炬、录尚书事长孙稚，将羽林一千救赴火所。莫不悲惜，垂泪而去。火初从第八级中，平旦大发。当时雷雨晦冥，杂下霰雪。百姓道俗，咸来观火，悲哀之声，振动京邑。时有三比丘赴火而死。火经三月不灭，有火入地寻柱，周年犹有烟气。

《资治通鉴》卷一五六："魏永宁浮图灾，观者皆哭，声振城阙。"

熙平元年（516）灵太后创立的永宁寺，壮丽无比，象征当时洛阳的繁荣；12年后灵太后及幼主为尔朱荣所害，再隔6年便是永熙三年（534），永宁寺只存在了18年。这一年也是北魏王朝的最后一年，从此草原帝国分裂为东魏和西魏，真是不幸的灾难巧合！

元魏洛阳全盛时期虽有1300多座寺院，但大小不一，知名度不同，杨衒之《洛阳伽蓝记》只介绍了40多所。除上面所述的永宁寺外，其他像建中寺、长秋寺、瑶光寺、昭仪尼寺、修梵寺、景林寺、龙华寺、景兴凡寺、正始寺、景明寺、大觉寺、永明寺以及法云寺，也各有特点。

杨衒之对建中寺的描写是："屋宇奢侈，梁栋逾制，一里之间，廊庑充溢。堂比宣光殿，门匹乾明门，博敞弘丽，诸王莫及也。"西阳门内御道北一里的长秋寺，则"中有三层浮图一所，金盘灵刹，曜诸城内。作六牙白象负释迦在虚空中。庄严佛事，悉用金玉；作工之异，难可具陈。四月四日，此像常出，辟邪师子导引其前。吞刀吐火，腾骧一面，缘幢上索，诡谲不常。奇伎异服，冠于都市。像停之处，观者如堵；迭相践跃，常有死人"。这就附带描写了佛诞前数夜抬像游行，当场表演马戏杂技等的热闹情景。

瑶光寺为尼寺，孝文帝次子宣武帝所立。被弃失宠的皇后和妃子，多被送来此处。"椒房嫔御，学道之所，掖庭美人，并在其中。亦有名族处女，性爱道场，落发辞亲，来仪此寺。"此寺"有五层浮图一所，去地五十丈。仙掌凌虚，铎垂云表，作工之妙，埒美永宁"。在瑶光寺项下，又提到金墉城内的陵云台，说："台下有碧海曲池，台东有宣慈观，去地十丈。观东有灵芝钓台，累木为之，出于海中，去地二十丈。风生户牖，云起梁栋，丹楹刻桷，图写列仙。刻石为鲸鱼，背负钓台，既如从地踊出，又似空中飞下。钓台南有宣光殿，北有嘉福殿，西有九龙殿，殿前九龙吐水成一海。凡四殿，皆有飞阁向灵芝往来。三伏之月，皇帝在灵芝台以避暑。"

在东阳门内一里御道南的昭仪寺，乃"寺有一佛二菩萨，塑工精绝，京师所无也"。作为静修之所的修梵寺，则"皆高门华屋，斋馆敞丽，楸槐荫途，桐杨夹植"。因为寺北的永和里,曾是东汉末年大军阀董卓的住宅,故"掘此地者,辄得金玉宝物"。景林寺系"寺西有园,多饶奇果。春鸟秋蝉,鸣声相续。中有禅房一所,内置祇洹精舍,形制虽小,巧构难比"。

龙华寺"有钟一口,撞之,闻五十里。太后以钟声远闻,遂移在宫内,置凝闲堂前,讲内典沙门打为时节。初,萧衍子豫章王综来降,闻此钟声,以为奇异,遂造《听钟歌》三首"。

建春门外东石桥南的原曹魏马市,即司马昭残杀嵇康处,有景兴尼寺。寺"有金像辇,去地三丈,上施宝盖,四面垂金铃七宝珠,飞天伎乐,望之云表。作工甚精,难可扬榷。像出之日,常诏羽林一百人举此像,丝竹杂伎,皆由旨给"。

百官所立的正始寺,是"正始中立,因以为名……檐宇清净,美于景林,众僧房前,高林对牖,青松绿柽,连枝交映。多有枳树,而不中食(《周礼·考工记》总目:"橘逾淮而北为枳")。有石碑一枚,背上有侍中崔光施钱四十万,陈留侯李崇施钱二十万……"记录了造寺时各大施主的官位和姓名。

宣武帝在景明年间(500—503)所立的景明寺,

东西南北方五百步,前望嵩山少室,却负帝城;青林垂影,绿水为文。形胜之地,爽垲独美。山悬堂观,一千余间。复殿重房,交疏对霤。青台紫阁,浮道相通。虽外有四时,而内无寒暑。房檐之外,皆是山池。松竹兰芷,垂列阶墀。含风团露,流香吐馥。至正光年中(520—525),太后始造七层浮图一所,去地百仞……妆饰华丽,侔于永宁。金盘宝铎,焕烂霞表。寺有三池,萑蒲菱藕,

> 水物生焉。或黄甲紫鳞，出没于蘩藻；或青凫白雁，浮沉于绿水。磃硙春簸，皆用水功。伽蓝之妙，最得称首。时世好崇福，四月七日，京师诸像皆来此寺，尚书祠部曹录像凡有一千余躯。至八日，以次入宣阳门，向阊阖宫前受皇帝散花。于时金花映日，宝盖浮云，幡幢若林，香烟似雾，梵乐法音，聒动天地。百戏腾骧，所在骈比。名僧德众，负锡为群；信徒法侣，持花成薮。车骑填咽，繁衍相倾。

如此看来，洛阳市民的文娱生活也颇多姿多彩。汉化了的异族统治者，也能与民同乐。

也有专门为接待外国僧侣所立的寺。其时"佛法经像盛于洛阳，异国沙门，咸来辐辏，负锡持经，适兹乐土"。因此宣武帝就在"北瞻芒岭，南眺洛汭，东望宫阙，西顾旗亭"的大觉寺以东，建立了"房庑连亘，一千余间"的永明寺，收容了三千多外国沙门。《资治通鉴》卷一四七："时佛教盛于洛阳，沙门之外，自西域来者三千余人，魏主别为之立永明寺千余间以处之。"

此外，还有外国高僧所立的寺，如西域乌场国胡沙门昙摩罗所立的法云寺，即为一例。《洛阳伽蓝记》说此寺"工制甚精，佛殿僧房，皆为胡饰。丹素炫彩，金玉垂辉；摹写真容，似丈六之见鹿苑；神光壮丽，若金刚之在双林。伽蓝之内，花果蔚茂，芳草蔓合，嘉木被庭。京师沙门好胡法者，皆就摩罗受持之……西域所赍舍利骨及佛牙经像，皆在此寺"。

广阔黄河流域人民遭受莫大苦难的时代，却也是佛教极盛、寺院壮丽无比的时代。而云冈、龙门和敦煌三大石窟，复属佛教狂热过后所遗留下来的珍贵艺术品，包括大量的造像和壁画。这中间必然存在着种种相互关系。北魏在平城营造了武州山的云冈石窟，迁都洛阳之后，又在龙门开凿石窟。宣武帝景明之初，曾命宦官白整为高祖孝文帝及文昭皇太后凿二佛龛于龙门山，皆高100尺。永平（508—512）中宦者刘腾又为世宗宣武帝开凿一龛，共计三龛。到孝明帝正光四年（523）刘腾死时，先后已经24年，工程尚未完成。

《魏书·释老志》：

> 景明初，世宗诏大长秋卿白整准代京灵岩寺石窟，于洛南伊阙山，为高祖、文昭皇太后营石窟二所。初建之始，窟顶去地三百一十尺。至正始二年（505）中，始出斩山二十三丈。至大长秋卿王质，谓斩山太高，费功难就，奏求下移就平，去地一百尺，南北一百四十尺。永平中，中尹刘腾奏为世宗复造石窟一，凡为三所。从景明元年（500）至正光四年六月已前，用功八十万二千三百六十六。

足证石窟规模的宏大。（参阅陈正祥《串城记》第十一篇《龙门石窟》，那篇文章有比较完整而详细的记叙，并改正了日本学者著作的若干错误。）

十二　统治阶层的腐化

孝文帝以后,北魏政权便开始腐化了。而政权一开始腐化,就很少能够挽救,除非推翻了重建。连孝文帝委托照顾儿子的咸阳王元禧,也变成了贪官,生活荒唐,结果被杀。

《魏书》卷二一《献文六王列传》:

> 高祖笃于兄弟,以禧次长,礼遇优隆,然亦知其性贪,每加切诫;虽当时遵奉,而终不改操……及高祖崩,禧受遗辅政。虽为宰辅之首,而从容推委,无所是非;而潜受贿赂,阴为威惠者,禧特甚焉……禧性骄奢,贪淫财色,姬妾数十,意尚不已;衣被绣绮,车乘鲜丽,犹远有简娉,以恣其情。由是昧求货贿,奴婢千数,田业盐铁,遍于远近;臣吏僮隶,相继经营。世宗颇恶之。

世宗宣武帝元恪亲政后,这个荒谬的叔父,谋反被赐死。另一叔父元详,也成为败类。《资治通鉴》卷一四五:"魏太傅、领司徒、录尚书北海王详,骄奢好声色,贪冒无厌,广营第舍,夺人居室,嬖昵左右,所在请托,中外嗟怨。魏主以其尊亲,恩礼无替,军国大事皆与参决,所奏请无不开允。"朝廷大权沦落到这样的人手里,和冯太皇太后时代实在相差太远。盛极一时的草原帝国,败亡的象征已渐次显露。

北魏从道武帝拓跋珪到孝武帝元脩,共计有12个皇帝,国祚绵长148年,平均每个皇帝在位12.3年。孝文帝是第6个皇帝,从道武帝到孝文帝,时期为公元386年到499年,计为113年,平均每个皇帝在位18.8年;从孝文帝的儿子宣武帝元恪到分裂前最后一个皇帝孝武帝元脩,时间为公元500年到534年,计为35年,平均每个皇帝在位仅5.8年。道武帝、太武帝和孝文帝,3个最重要的皇帝占去了80年,超过国祚的一半。

道武帝是北魏正式开国之君。太武帝时武功臻于极盛,统一了黄河流域。孝文帝在冯太皇太后的长期辅导下,推行彻底的汉化政策,文治接近成熟,可惜死得太早,未能收获硕果。《魏书》的作者魏收说道:"太祖抚运乘时,奄开王业。世祖以武功一海内,高祖以文德革天下。"孝文帝的文化革新,成绩要等到他儿子继位后才显现出来。《资治通鉴》卷一四五梁纪武帝天监三年(504):"冬十一月戊午,魏诏营缮国学。时魏平宁日久,学业大盛,燕齐赵魏之间,教授者不可胜数;弟子著录多者千余人,少者犹数百。州举茂异,郡贡孝廉,每年逾众。"这是孝文帝遗留给儿子的文德,但延续的时间不长。

北魏国势的从盛到衰,在下表之中可略见端倪。

在节闵帝元恭之前,还有一个废帝东海王元晔,系尔朱世隆在尔朱荣被杀,逃归太原时和尔朱兆共同拥立,年号建明。当时元晔任并州刺史。

魏收对宣武帝功业的评价:"世宗承圣考德业,天下想望风化,垂拱无为,边徼稽服……比夫汉世,元、成、安、顺之俦欤?"此处的元、成、安、顺,是指西汉的元帝刘奭(公元前48年到前33年在位)、成帝刘骜(公元前32年到前7年在位)以及东汉的安帝刘祜(公元107年到125年在位)和顺帝刘保(公元126年到144年在位);皆属勉强守成之君。元恪当了16年太平皇帝,部分完成新都洛阳的营建,支撑了表面上的富盛。所谓边徼稽服,主要是南朝豫州刺史裴叔业以寿春降魏,同时向北魏朝贡的国家也很多。此时萧衍篡齐立梁,有不少齐朝的宗室及官吏投奔北魏;北魏也数度南伐,侵占淮河以南的大片土地。洛阳南边境土的扩充,使国都形势转为比较安全,相对地使萧衍处于下风。于是宣武帝在永平二年(509)说:"今京师天固,与昔不同,扬、郢、荆、益,皆悉我有。"但当时北魏国力所能做到的,也不过如此而已,征服南朝是谈不到的了。

皇帝名称	在位时间(公元)	庙　　号	享　　年
1. 道武帝　拓跋珪	386—409	太　　祖	39
2. 明元帝　拓跋嗣	409—423	太　　宗	32
3. 太武帝　拓跋焘	424—452	世　　祖	45
4. 文成帝　拓跋濬	452—465	高　　宗	26
5. 献文帝　拓跋弘	466—471	显　　祖	23
6. 孝文帝　元宏	471—499	高　　祖	33
7. 宣武帝　元恪	500—515	世　　宗	33
8. 孝明帝　元诩	516—528	肃　　宗	19
9. 孝庄帝　元子攸	528—530	敬　　宗	24
10. 节闵帝　元恭	531—532	为尔朱世隆拥立于洛阳	35
11. 废　帝　元朗	531—532	为高欢拥立于信都	20
12. 孝武帝　元脩	532—534	为高欢拥立于洛阳	25

前当太武帝拓跋焘统率大军南下，一直打到长江北岸，望江知难而退之后，南北朝长期对立的形势就确定了。北魏的军力是在草原上发展起来的，要在南方湿热地带运用就有一定的限制。太武帝以后的几个北魏统治者，包括孝文帝，也想征服南朝，做统一的中国的皇帝，但已力不从心了。当南齐雍州刺史萧衍从襄阳出发东下建康，尚未推翻东昏侯萧宝卷前，北魏的征南将军元英和车骑大将军源怀，皆曾上书劝说魏主乘机南伐，但元恪只求自保，无复统一天下的雄心。源怀的表文说：

> 萧衍内侮，宝卷孤危，广陵、淮阴等戍皆观望得失。斯实天启之期，并吞之会；宜东西齐举，以成席卷之势。若使萧衍克济，上下同心，岂唯后图之难，亦恐扬州危逼。何则？寿春之去建康才七百里（北魏此时已将寿阳之名改回寿春，仍为扬州治所），山川水陆，皆彼所谙。彼若内外无虞，君臣分定，乘舟藉水，倏忽而至，未易当也。今宝卷都邑有土崩之忧，边城无继援之望，廓清江表，正在今日。

魏主只是以任城王澄为都督淮南诸军事、镇南大将军、扬州刺史，使为经略，但并无实际行动。当时北魏如果能迅速分路南侵，尽占长江以北之地并不困难。但他们连对这一点的信心也失掉了。

宣武帝元恪事实上连守成也没有能做到，除了几篇冠冕堂皇的诏书外,可说是不肖之子。他宠任奸佞,国事开始大坏,贵族豪门,竞尚奢侈。他迷信佛教,厮养西域僧人3000多,择嵩岳形胜处建造闲居寺,备极壮丽。贵戚大臣,竞相仿效,于是佛寺像雨后春笋,洛阳城内,很快出现500多座寺院;各州县所造佛寺,多达13000余处。宠臣元晖当吏部尚书,公然定价卖官。《魏书》卷一五《昭成子孙列传·元晖传》:"迁吏部尚书,纳货用官,皆有定价,大郡二千匹,次郡一千匹,下郡五百匹;其余受职各有差,天下号曰'市曹'。出为冀州刺史,下州之日,连车载物;发信都,至汤阴间,首尾相继,道路不断。"这并非特例,而是很普遍的现象。

延昌四年(515)正月丁巳,元恪平安地当了16年皇帝之后死去,时年33岁,和他父亲孝文帝一样。他并无武功可言,为什么谥为宣武帝呢?《魏书·世宗纪》说他"雅爱经史,尤长释氏之义,每至讲论,连夜忘疲。善风仪,美容貌,临朝渊默,端严若神……垂拱无为,边徼稽服",不过是太和朝风气的延续。从此以后,北魏国势就走下坡路了。他的信佛,明显地影响宠妃胡氏,她就是后来的灵太后,北魏灭亡的主要负责者之一。

因为土地担养力低,所以行动迅速的草原牧骑必须占领较大的生存空间。他们初起时,生活多刻苦耐劳。如果产生英明而且勇敢的领袖,把骑兵组织训练起来,可以形成一股劲强的武力,进而建立王国。在横贯欧亚大陆的广阔草原地带,包括中国的华北,便曾相继出现过强大的政权。

就水热条件说，在北半球的绝大部分地方，南方的生活情况要比北方好。拓跋鲜卑在南迁之先，主要活动地区限于大兴安岭，生存空间狭窄，土地生产力低，部落群或结合体，长时期处于原始社会阶段。如何摆脱原先的生活环境，使部落有较好的发展机会，应该是他们的共同愿望。但当匈奴势盛，控制整个蒙古高原时，他们即使迁出森林，也难有立脚余地。所以一直等到东汉中叶，匈奴衰弱了之后，他们才开始脱离原居地。

拓跋鲜卑分好几个阶段向西南迁移，当他们进据土默川平原时，生活环境比原先好得多了，特别是有了灌溉农业补充粮食供应。

山西北部的古代北地区，土地生产力虽不高，但战略地位远比土默川重要。因此他们把国都从盛乐搬到平城。到太武帝拓跋焘时终于统一了黄河流域，建立起真正的草原帝国。

黄河流域除了少数地区，天然植被尽属草原。洛阳就整个草原帝国来说，比较偏在南边，接近草原地带的边缘。但要想统一全中国，洛阳的地理位置又远比平城重要。气候较平城好，附近土地的生产力也高。此外，洛阳坐落于古丝绸之路的东端，扼东西交通贸易的要冲。

北魏迁都洛阳以后，同西方的贸易转盛；葱岭以西直到东罗马帝国沿途各国的商人，纷纷前来中国经商，主要的商品包括宝石、香料、翠羽、琉璃和贵金属等，绝大多数属奢侈品。"天下难得之货，咸悉在焉。"北魏在新都洛阳划出专用的市区，建造馆舍给番商居住。不少番商因喜爱中国的繁华富庶，就在洛阳长住了。当帝国发展到熟烂时，除了一般的交通贸易外，和西方也有更多的外交联系。

舒适繁荣的都城生活，使原来的游牧部族丧失了强悍好战的性格；他们的首领，多数成为尽情享受物欲的王公贵族，早忘记掉祖先发祥地的艰苦生活。原先反对迁都的鲜卑贵族，在繁华无比的洛阳居住多年之后，逐渐习惯了该处的安逸生活，让他们回到北方去也不再愿意了。在世宗宣武帝时，洛阳曾经谣传国家要还都平城，还引起了王公大臣们的惊慌呢！《魏书·昭成子孙列传》记载元晖曾就此项谣言对宣武帝说："北来迁人，安居岁久，公私计立，无复还情。"充分证明他们已不想回到荒凉的代北去了。

统治阶层的腐化会导致政权的灭亡，腐化愈彻底，崩溃也愈快，古今中外都是如此，几乎找不出例外！

孝明帝元诩是世宗宣武帝元恪第二子，为胡充华所生，此时似已革除太子生母赐死的陋习。他正月即位，二月便尊胡氏为皇太妃；而皇太后高氏出俗为尼，徙御金墉城。七月丙子，进一步尊皇太妃为皇太后。九月乙巳，皇太后亲览万机。次年，亦即公元516年，改元为熙平元年。秋七月庚午，重申杀牛之禁。牛为农耕恩物，自然要和畜牧社会不同。熙平二年（517）夏四月乙卯，皇太后幸伊阙石窟，即日还宫；这是她佞佛的一面，其后对北魏的影响甚大。在军事上完全改取守势，故同年九月起在青、齐、兖、泾、平、营、肆七州所治的东阳、历城、瑕丘、平凉、肥如、和龙、九原七城修筑和扩建城墙。唯当时国威尚在，朝贡的国家和藩属还不少。内部的积弊，则逐渐暴露。神龟二年（519）二月庚午，羽林军千余人焚征西将军张彝府第，并殴伤张彝，稍后张彝即死，又烧杀其子始均。这样的事，在以前不可能发生。[1]

北魏自世宗以后，政纲不振；肃宗冲龄统业，灵太后全权专制，委用非人，赏罚乖舛。《资治通鉴》卷一四九：

> 魏累世强盛，东夷、西域贡献不绝，又立互市以致南货，至是府库盈溢。胡太后尝幸绢藏，命王公嫔主从行者百余人各自负绢，称力取之，少者不减百余匹。尚书令、仪同三司李崇，章武王融，负绢过重，颠仆于地，崇伤腰，融损足，太后夺其绢，使空出，时人笑之……侍中崔光止取两匹，太后怪其少，对曰："臣两手唯堪两匹。"众皆愧之。

---

[1]《魏书》卷六四《张彝传》："以参定迁都之勋，进爵为侯，转太常少卿，迁散骑常侍，兼侍中，持节巡察陕东、河南十二州，甚有声称。使还，以从征之勤，迁尚书……第二子仲瑀上封事，求铨别选格，排抑武人，不使预在清品。由是众口喧喧，谤讟盈路，立榜大巷，克期会集，屠害其家。彝殊无畏避之意，父子安然。神龟二年（519）二月，羽林虎贲几将千人，相率至尚书省诟骂，求其长子尚书郎始均，不获，以瓦石击打公门。上下畏惧，莫敢讨抑。遂便持火，虏掠道中薪蒿，以杖石为兵器，直造其第，曳彝堂下，捶辱极意，唱呼督督，焚其屋宇。始均、仲瑀当时逾北垣而走。始均回救其父，拜伏群小，以请父命。羽林等就加殴击，生投之于烟火之中。及得尸骸，不复可识，唯以鬓中小钗为验。仲瑀伤重走免。彝仅有余命，沙门寺与其比邻，舆致于寺。远近闻见，莫不惋骇……彝遂卒，时年五十九。官为收掩羽林凶强者八人斩之，不能穷诛群竖，即为大赦以安众心，有识者知国纪之将堕矣。"

这样的大臣怎么可能治理国家！同书：

> 初，魏世宗作瑶光寺，未就；是岁，胡太后又作永宁寺，皆在宫侧；又作石窟寺于伊阙口，皆极土木之美。而永宁尤盛，有金像高丈八者一，如中人者十，玉像二。为九层浮图，掘地筑基，下及黄泉。浮图高九十丈，上刹复高十丈。每夜静，铃铎声闻十里。佛殿如太极殿，南门如端门。僧房千间，珠玉锦绣，骇人心目。自佛法入中国，塔庙之盛，未之有也。扬州刺史李崇上表，以为"高祖迁都垂三十年，明堂未修，太学荒废，城阙府寺颇亦颓坏，非所以追隆堂构，仪刑万国者也……"太后优令答之，而不用其言。太后好事佛，民多绝户为沙门。

同是女主掌权，这位灵太后比起冯太皇太后来，真是相差太远了。

> 时魏宗室权幸之臣，竞为豪侈，高阳王雍，富贵冠一国，宫室园圃，侔于禁苑，僮仆六千，伎女五百，出则仪卫塞道路，归则歌吹连日夜，一食直钱数万。李崇富埒于雍而性俭啬，尝谓人曰："高阳一食，敌我千日。"河间王琛，每欲与雍争富，骏马十余匹，皆以银为槽，窗户之上，玉凤衔铃，金龙吐旆。尝会诸王宴饮，酒器有水精锋、马脑椀、赤玉卮；制作精巧，皆中国所无。又陈女乐、名马及诸奇宝，复引诸王历观府库，金钱、缯布，不可胜计。

这是不学无术，无从吸收文化，误以为豪侈的物质享受便等同高尚的情操，是文化虚脱的产物。

同书同卷又说：

> 太后好佛，营建诸寺，无复穷已，令诸州各建五级浮图，民力疲弊。诸王、贵人、宦官、羽林各建寺于洛阳，相高以壮丽。太后数设斋会，施僧物动以万计；赏赐左右无节，所费不赀，而未尝施惠及民。府库渐虚，乃减削百官禄力。任城王澄上表，以为"萧衍常蓄窥觎之志，宜及国家强盛，将士旅力，早图混壹之功。比年以来，公私贫困，宜节省浮费以周急务"。

失德的太后如此浪费，政府哪能不穷？贵族官僚这样奢侈，怎不导致人民怨恨？

这位太后即胡太后，亦称灵太后，本名胡充华，是世宗宣武帝元恪之后；初入宫时为承华世妇，诞生肃宗孝明帝元诩后进封为充华嫔，安定临泾县人，父名胡国珍。按北魏宫廷传统，妃嫔产子当皇帝，帝亲生母照例要赐死。当她怀肃宗时，同列犹以故事相吓。《魏书》说："后固意确然，幽夜独誓云：'但使所怀是男，次第当长子；子生身死，所不辞也。'"但她很幸运，肃宗践阼，先被尊为皇太妃，后又尊为皇太后，居崇训宫。原来想杀她的高太后，反被迫落发为尼，徙居金墉城瑶光寺。

太后以肃宗冲幼，临朝听政，先称殿下，下令行事；后改令称诏，群臣上书曰陛下，遂自称为朕。《魏书》称赞"太后性聪悟，多才艺"，能作诗，"亲览万机，手笔断决。幸西林园法流堂，命侍臣射，不能者罚之；又自射针孔，中之，大悦，赐左右布帛有差……寻幸阙口温水，登鸡头山，自射象牙簪，一发中之，敕示文武"。但生性浪漫，颇多男宠。同书又说："时太后得志，逼幸清河王怿（亡夫之弟），淫乱肆情，为天下所恶。领军元叉、长秋卿刘腾等奉肃宗于显阳殿，幽太后于北宫，于禁中杀怿。"5年后太后又恢复执政，但政事更败坏，所用多佞幸之臣，于是文武解体，所在乱逆。"太后自以行不修，惧宗室所嫌，于是内为朋党，防蔽耳目。肃宗所亲幸者，太后多以事害焉。"因之母子之间，嫌隙屡起。肃宗的暴崩，时论咸认为太后所宠郑俨、徐纥所暗害，于是朝野愤叹。而肃宗孝明帝元诩的暴毙，正是导致内乱的直接原因。

元叉是灵太后的妹夫，有裙带关系，他和宦官刘腾合谋诬害太傅、清河王元怿后，便和太师、高阳王元雍等同辅政，常直禁中，专综机要，肃宗称呼他为姨父。《魏书》卷一六《道武七王列传·京兆王》："初，叉之专政，矫情自饰，劳谦待士，时事得失，颇以关怀，而才术空浅，终无远致。得志之后，便骄愎，耽酒好色，与夺任情……政事怠惰，纲纪不举，州镇守宰，多非其人。于是天下遂乱矣。"

《魏书》卷九三《恩倖·郑俨传》：

郑俨，字季然，荥阳人，容貌壮丽，初为司徒胡国珍行参军，因缘为灵太后所幸，时人未之知也……孝昌初，

> 太后反政，俨请使还朝，复见宠待。拜谏议大夫、中书舍人，领尝食典御。昼夜禁中，宠爱尤甚。俨每休沐，太后常遣阉童随侍……俨以纪有智数，仗为谋主；纪以俨宠幸既盛，倾身承接。共相表里，势动内外。城阳王徽微与之合，当时政令归于俨等。迁通直郎、散骑常侍、平东将军、武卫将军、华林都将、右卫将军、散骑常侍、中军将军、中书令、车骑将军，舍人、常侍如故。肃宗崩，事出仓卒，天下咸言俨计也。尔朱荣举兵向洛，以俨、纪为辞。荣逼京师，俨走归乡里。

如此政权，怎么可能长久存在？

十三　柔然与北方六镇

柔然是中国古代北方游牧部族之一，分布于蒙古高原中北部。东晋十六国时期，亦即公元5世纪前半期，曾经一度强盛。柔然的北边是高车，南边为鲜卑；它以蒙古高原北部色楞格河流域为活动中心，在4世纪末开始兴起，5世纪在蒙古草原建立了强大的游牧部族政权，长期和北魏王朝为敌。

此一原始游牧部族，到车鹿会时部众渐多，自称柔然，北魏称其为蠕蠕，南朝称其为芮芮，经常掳掠其他部族的人口和财物。当拓跋鲜卑强盛时，数度屈服拓跋氏。北魏初年，匹候跋、温纥提分别统辖柔然东西二部；因依附铁弗族刘卫辰，北魏登国六年（391）为道武帝拓跋珪击破，部众被迁徙云中一带。温纥提之子社仑，乘机兼并了匹候跋部众，掳掠五原以西各部，稍后又远走大漠之北，脱离北魏的控制。公元402年，征服了高车诸部及匈奴的残余部落，尽有其众。柔然的势力从此迅速膨胀，控制了东起大兴安岭、西抵焉耆（天山中部）、南临大漠、北到西伯利亚的广大地区。社仑自称"丘豆伐可汗"，兵马强盛，建庭于鹿浑海；其地在燕然山之东，颔根河（今鄂尔浑河）上源，史称"柔然可汗庭"。附近水草丰茂，畜牧繁盛，南隔大漠威胁北魏王朝。

曾任北魏太武帝首席谋主、连仕三朝（道武、明元、太武),后来忽被惨杀的崔浩,就说柔然"蠕蠕恃其绝远,谓国家力不能制,自宽日久;故夏则散众放畜,秋肥乃聚;背寒向温,南来寇抄"。

柔然的统治集团,拥有大量的牲畜和奴隶。奴隶的主要来源是战争俘虏。社仑模仿汉人兵制,以千人为一军,置将一人;百人为一幢,置帅一人。作战勇敢的,赐以俘虏及战利品;怯弱退却者则用石块击杀。柔然没有文字,后来采用了汉字,掌管文书的全为汉人。柔然统治者视战争为增加财富的手段,故不断向四邻进行掠夺。天兴五年(402),社仑乘北魏和后秦争战,率众南侵,自参合陂一直深入到豺山及善无北泽。天赐三年(406)和永兴元年(409),社仑又两度犯边。

北魏为了防御柔然,在北部沿边,主要是阴山北麓,设置了许多军镇,包括著名的六镇,配备重兵把守。永兴二年(410),北魏明元帝拓跋嗣大举北伐,社仑在败退中死亡。

《魏书》卷三《太宗纪》:永兴二年春正月,"诏南平公长孙嵩等北伐蠕蠕……夏五月,长孙嵩等大漠还,蠕蠕追围之于牛川。壬申,帝北伐,蠕蠕闻而遁走,车驾还幸参合陂"。泰常八年(423)正月,"蠕蠕犯塞。二月戊辰,筑长城于长川之南,起自赤城,西至五原,延袤二千余里,备置戍卫"。

明元帝神瑞元年(414),大檀继位柔然可汗,又开始南下掳掠。太武帝始光元年(424),柔然骑兵一度攻陷北魏旧都盛乐城。于是在神䴥二年(429),太武帝拓跋焘大举袭击柔然,魏军跨越戈壁大漠,直捣柔然可汗庭,获得柔然降人30余万,马100多万匹,牲畜数百万头。大檀率众西奔。当时太武帝畏惧南朝的宋文帝北伐，曾经对其臣下说：一定要先灭柔然，免得腹背受敌。

太武帝始光元年（424），柔然大举南侵拓跋魏。翌年拓跋魏大举反击，五路并出。"诸军至漠南，舍辎重，轻骑，赍十五日粮，度漠击之。柔然部落大惊，绝迹北走。"当时柔然南据阴山，对北魏的威胁甚巨。所以当太武帝问群臣应该先伐赫连还是先伐蠕蠕（太武帝轻视柔然人无知，说他们状类于虫，故恶作剧地改其族名为蠕蠕），大臣长孙嵩、长孙翰、奚斤等都说："不如先伐蠕蠕，若追而及之，可以大获，不及，则猎于阴山，取其禽兽皮角以充军实。"可见阴山对塞北少数民族的重要。

阴山是漠南广大草原区核心的宝山，深处有茂密的森林和众多的禽兽。在拓跋鲜卑崛兴之先，匈奴曾是中国北方最大的敌人，据有阴山，以阴山作为犯边的基地。

西汉元帝（公元前48年到前33年在位）时，匈奴分裂而势衰，南匈奴呼韩邪单于内附。《汉书》卷九四《匈奴传》：

> 竟宁元年（前33），单于复入朝，礼赐如初，加衣服锦帛絮，皆倍于黄龙时。单于自言愿婿汉氏以自亲。元帝以后宫良家子王嫱字昭君赐单于。单于欢喜，上书愿保塞上谷以西至敦煌，传之无穷，请罢边备塞吏卒，以休天子人民。天子令下有司议，议者皆以为便。郎中侯应习边事，以为不可许。上问状，应曰："周秦以来，匈奴暴桀，寇侵边境，汉兴，尤被其害。臣闻北边塞至辽东，外有阴山，东西千余里，草木茂盛，多禽兽，本冒顿单于依阻其中，

治作弓矢，来出为寇，是其苑囿也。至孝武世，出师征伐，斥夺此地，攘之于幕北。建塞徼，起亭隧，筑外城，设屯戍，以守之，然后边境得用少安。幕北地平，少草木，多大沙，匈奴来寇，少所蔽隐，从塞以南，径深山谷，往来差难。边长老言匈奴失阴山之后，过之未尝不哭也。如罢备塞戍卒，示夷狄之大利，不可一也。"

当时侯应提出十点反对意见，亦即十不可，颇有见地，得到皇帝的接纳。同书接着说："对奏，天子有诏：勿议罢边塞事。"

《资治通鉴》卷一二〇宋文帝元嘉元年（424）："柔然纥升盖可汗闻魏太宗（按指拓跋嗣）殂，将六万骑入云中，杀掠吏民，攻拔盛乐宫（什翼犍始居云中盛乐宫，在故城南八里筑盛乐城），魏世祖自将轻骑讨之，三日二夜至云中。"可说快速。"纥升盖引骑围魏主五十余重，骑逼马首，相次如堵；将士大惧，魏主颜色自若，众情乃安。纥升盖以弟子于陟斤为大将，魏人射杀之；纥升盖惧，遁去。"以拓跋焘的性格，必然要以牙还牙，大事报复。同书卷一二一文帝元嘉六年（429）：

> 柔然纥升盖可汗先不设备，民畜满野，惊怖散去，莫相收摄。纥升盖烧庐舍，绝迹西走，莫知所之……纥升盖可汗既走，部落四散，窜伏山谷，杂畜布野，无人收视。魏主循栗水（即今蒙古阿尔拜赫雷翁金河）西行，至菟园水，分军搜讨，东西五千里，南北三千里，俘斩甚众。高车诸部乘魏兵势，抄掠柔然。柔然种类前后降魏者三十余

万落,获戎马百余万匹,畜产、车庐,弥漫山泽,亡虑数百万……八月,魏主至漠南,闻高车东部屯巴尼陂,人畜甚众,去魏军千余里,遣左仆射安原等将万骑击之。高车诸部迎降者数十万落,获马牛羊百余万。冬十月,魏主还平城。徙柔然、高车降附之民于漠南,东至濡源,西暨五原阴山,三千里中,使之耕牧而收其贡赋,命长孙翰、刘洁、安原及侍中代人古弼同镇抚之。自是魏之民间马牛羊及毡皮为之价贱。

这是拓跋焘北伐柔然的第一次大胜利。

北魏太延五年(439),柔然吴提可汗乘太武帝西征北凉,率部南侵,直抵七介山,威胁魏都平城。《资治通鉴》卷一二三宋文帝元嘉十六年(439):

魏主之西伐也(伐北凉沮渠牧犍),穆寿送至河上,魏主敕之曰:"吴提与牧犍相结素深,闻朕讨牧犍,吴提必犯塞,朕故留壮兵肥马,使卿辅佐太子。收田既毕,即发兵诣漠南,分伏要害以待虏至,引使深入,然后击之,无不克矣。凉州路远,朕不得救,卿勿违朕言"……柔然敕连可汗闻魏主向姑臧,乘虚入寇;留其兄乞列归与秃敬、建宁王崇相拒于北镇。自帅精骑深入,至善无七介山,平城大骇,民争走中城。穆寿不知所为,欲塞西郭门,请太子避保南山,窦太后(保太后)不听而止。遣司空长孙道生、征北大将军张黎拒之于吐颓山。会秃敬、建宁王崇击

> 破乞列归于阴山之北，擒之，并其伯父他吾无鹿胡及将帅五百人，斩首万余级。敕连闻之，遁去，追至漠南而还。

这证明长城和六镇，也不能保险可挡住敌骑深入。

太平真君十年（449），太武帝两次北征，又夺得大批人口和牲畜，柔然从此开始衰落。但到了献文帝皇兴四年（470），柔然又南下犯边，拓跋弘分三路迎击，大败柔然主力军于女水，追奔逐北3000多里；柔然降者万余人，北魏把这批降人安置在高平、薄骨律二镇。太和十六年（492），孝文帝遣七万骑北征，深入漠北，大破柔然。说明这个时候，北魏的武力仍强。当时柔然在北魏和高车的夹击下，内部发生政变，可汗豆仑被杀。

北魏朝廷议论对付北方的柔然，冯太皇太后执政时的中书监高间曾经上过如下的表章：

> 北狄悍愚，同于禽兽。所长者野战，所短者攻城。若以狄之所短夺其所长，则虽众不能成患，虽来不能深入。又，狄散居野泽，随逐水草，战则与家业并至，奔则与畜牧俱逃，不赍资粮而饮食自足，是以历代能为边患。六镇势分，倍众不斗，互相围逼，难以制之。请依秦汉故事，于六镇之北筑长城；择要害之地，往往开门，造小城于其侧，置兵捍守。狄既不攻城，野掠无获，草尽则走，终必惩艾。计六镇东西不过千里，一夫一月之功可城三步之地，强弱相兼，不过用十万人，一月可就；虽有暂劳，可以永逸。

此人似乎忘记了拓跋魏的祖先也是同样悍愚的牧猎部落,如果早100年上这样的表文,可能冒犯统治者之忌要被杀掉!

孝明帝正光元年(520),阿那瓌继位为可汗,柔然统治集团内部又因争夺王位而互相残杀。阿那瓌失败之后投降北魏,孝明帝将其安置在怀荒镇和柔玄镇中间的边外牧地;稍后又把以前降魏的全部柔然人都归他统率,并给予粮布兵仗。正光四年(523),阿那瓌又入塞抄掠,驱人民二千余以及驿马牛羊数十万头北归。

《资治通鉴》卷一四九梁武帝普通三年(522):"柔然阿那瓌求粟为种,魏与之万石。"同书接着说公元523年春柔然大饥,"阿那瓌帅其众入魏境,表求赈给。己亥,魏以尚书左丞元孚为行台尚书,持节抚谕柔然……夏四月,魏元孚持白虎幡劳阿那瓌于柔玄、怀荒二镇之间。阿那瓌众号三十万,阴有异志,遂拘留孚,载以辒车。每集其众,坐孚东厢,称为行台,甚加礼敬。引兵而南,所遇剽掠;至平城,乃听孚还。有司奏孚辱命,抵罪。甲申,魏遣尚书令李崇、左仆射元纂帅骑十万击柔然。阿那瓌闻之,驱良民二千,公私马牛羊数十万北遁;崇追之三千余里,不及而还"。

《魏书·肃宗纪》:"正光四年(523)夏四月,阿那瓌执元孚,驱掠畜牧北遁。甲申,诏骠骑大将军、尚书令李崇,中军将军、兼尚书右仆射元纂率骑十万讨蠕蠕,出塞三千余里,不及而还。"游骑部落的叛服无常,一向是草原社会动态的特色。

太武帝拓跋焘在太延二年(436),置高平镇和薄骨律镇。后来柔然万余人降魏,魏朝将其安置高平、薄骨律二镇。到了太和末叶，大部分已叛变逃走，只剩下千多户了。孝明帝元诩正光五年（524），把高平镇改置为原州。孝昌中又把薄骨律镇改置为灵州，这便是现在宁夏回族自治区的灵武。

孝昌元年（525）六镇叛变，北魏力不能制；阿那瓌出兵帮助北魏政府平乱，并乘机大肆掳掠。其后东西魏互相对峙，彼此竞相结好柔然。公元536年，高欢使东魏孝静帝嫁公主给阿那瓌为妻，约两国和亲；公元538年，宇文泰使西魏文帝元宝炬，娶阿那瓌之女为后。阿那瓌也利用东西魏的矛盾敌对，从中取利。直到北齐天保三年（552），东魏灭亡两年之后，阿那瓌被突厥打败自杀。此时突厥已经强盛，屡次击败柔然，逐渐取代柔然汗国的地位，登上了漠北的政治大舞台。公元555年突厥灭柔然，柔然之名便从此在历史上消失了。

《宋书·索房传》附《芮芮（柔然）传》："芮芮一号大檀，又号檀檀。"说他们是蒙古语的最先使用者。"大檀"和蒙古人的别称"鞑靼"（Tar tar），很可能有渊源关系。他们立国一个半世纪，共历7世19代。《宋书》又描述他们"无城郭，逐水草畜牧，以毡帐为居，随所迁徙。其土地，深山则当夏积雪，平地则极望数千里；野无青草，地气寒凉。马牛龁枯噉雪，自然肥健。国政疏简，不识文书；刻木以记事。其后渐知书契，至今颇有学者。去北海（今贝加尔湖）千余里，与丁零相接；常南击索房（北魏），世为仇雠"。

《宋书》此处所说的"丁零"（丁灵），亦称高车或敕勒，也是中国古代比较有名的少数民族之一，《魏书》概称之为高车。秦汉时期居于西伯利亚的贝加尔湖周边，分布范围很广。

匈奴强盛时，高车臣服于匈奴；汉末匈奴衰弱，高车人渐向南移。东晋十六国之际，中原大乱，北方少数民族乘虚南下；大批高车人徙居蒙古高原，有一部分且进入塞内。

高车人以游牧为生，牲畜以牛羊为主，马和其他牲畜次之。其人善于造大车，这是适宜于过沼泽、渡浅河的交通工具。《北史·高车传》说其"车轮高大，辐数至多"，"高车"之名便因此而来。语言和匈奴大同小异，而风俗则不一样。人死后掘地作坑，坐尸其中；以弓箭佩刀殉葬，墓坑露而不掩。崇拜天地鬼神，喜欢歌舞。直到南北朝时，尚未形成统一的民族政权。诸部族自有君长，彼此不相统属。故人数虽多，而力量不大，常为北魏、柔然所征服，有时亦侵犯这两个强大的邻国。对北魏而言，高车只算是次要的敌人。

《魏书》卷一〇三《高车传》：

> 高车，盖古赤狄之余种也，初号为狄历，北方以为敕勒，诸夏以为高车、丁零。其语略与匈奴同而时有小异……其迁徙随水草，衣皮食肉，牛羊畜产尽与蠕蠕（柔然）同；唯车轮高大，辐数至多。后徙于鹿浑海西北百余里，部落强大，常与蠕蠕为敌，亦每侵盗于国家。太祖亲袭之，大破其诸部……后世祖征蠕蠕，破之而还。至漠南，闻高车东部在巴尼陂，人畜甚众，去官军千余里，将遣左仆射安原等讨之。司徒长孙翰、尚书令刘洁等谏，世祖不听，乃遣原等并发新附高车合万骑，至于巴尼陂，高车诸部望军而降者数十万落，获马牛羊亦百余万，皆徙置漠南

千里之地。乘高车，逐水草，畜牧蕃息；数年之后，渐知粒食，岁致献贡。由是国家马及牛羊遂至于贱，毡皮委积。高宗（文成帝拓跋濬）时，五部高车合聚祭天，众至数万。大会，走马杀牲，游绕歌吟忻忻，其俗称自前世以来无盛于此。

北魏登国三年（388）和四年（389），道武帝拓跋珪曾西征高车的解如部及吐突邻部，俘掠大批人口和牲畜。当时分布在鹿浑海（今鄂尔浑河上源）附近的高车袁纥部等，常侵掠北魏的边境，道武帝于登国五年（390）亲自率兵袭破袁纥部，俘获大批人口和牲畜。天兴二年（399），道武帝从长川镇和牛川镇等处出兵，分东、西、中三路，大破高车三十余部，俘虏七万多人。把降民驱至平城一带，役使彼等修建鹿苑。太武帝拓跋焘神麚二年（429），北征柔然，被柔然奴役的30多万高车人归附了北魏。太武帝同时还派兵远征游牧于巳尼陂南边的高车部落，把投降的数十万人徙置于漠南。

《资治通鉴》卷一一一东晋安帝隆安三年（399）：

> （春正月）庚午，魏主珪北巡，分命大将军常山王遵等三军从东道出长川，镇北将军高凉王乐真等七军从西道出牛川，珪自将大军从中道出驳騧水以袭高车……二月丁亥朔，魏军大破高车三十余部，获七万余口，马三十余万匹，牛羊百四十余万头。卫王仪别将三万骑绝漠千余里，破其七部，获二万余口，马五万余匹，牛羊二万余头。高

> 车诸部大震……魏主珪大猎于牛川之南，以高车人为围，周七百余里；因驱其禽兽，南抵平城，使高车筑鹿苑，广数十里。

高车由于多次迁徙，分布的地区甚广；北起贝加尔湖以北，南到长城内外，西达新疆的北部，皆有其部落踪迹。迁居漠南六镇以北的，称东部敕勒；分布六镇以西的，称西部敕勒。此外在太行山区北段，尤其是定州和上党郡，以及密云郡境内，也有不少高车人聚居。高车人迁居漠南以后，接触到了汉人，受到汉族经济和文化的影响，农耕在他们的生产中逐渐重要。北魏政权不但掠夺高车人的牲畜，并且还强迫他们服兵役，征收很重的赋税。因为从高车人手里掠夺大批的牲畜，马和牛羊的价格曾大跌，毡、皮堆积如山。

《魏书·高车传》："太祖时，分散诸部；唯高车以类粗犷，不任使役，故得别为部落。"由此可知当拓跋鲜卑向农业社会转化时，已丧失了原有强悍的战斗力；而内附的高车族尚保持他们的部落和传统的游牧生活，拥有原先的战斗能力。结果就只好选他们的部落酋长来担任近卫军的长官。

北魏王朝当初之保留高车族的酋帅，主要就是要通过此等酋帅来统治。当时高车人所负的责任，一方面是阻挡柔然的南下侵扰，保卫京都平城；另一方面要给统治者提供丰富的畜产品，特别是供应畿内地区的需要。《魏书·高车传》说高车迁到漠南后，"岁致献贡。由是国家马及牛羊遂至于贱，毡皮委积"。这一则因为漠南水热条件较佳，同时也因为统治者的大量剥削。结果终于引起高车人的不满，导致不断的反叛和逃亡。例如太和二十二年（498），孝文帝征发高车人南征（伐齐），高车人拒不从命，相率北逃；孝文帝派大军追击，结果反被打得大败。这表示拓跋鲜卑的武力已趋向下坡。高车在东西魏时，先被柔然击败，后来终为突厥所灭。

中国北方少数民族的南侵，有似气象学上的寒潮。他们在蒙古高原和西伯利亚南部聚积后，形成"高压冷气团"，蠢蠢欲动。如遇中原王朝衰微或发生大动乱，人心浮动，就像低气压，"冷气团"便先作楔形突入蒙古高原，然后长驱南下。拓跋鲜卑是从大兴安岭一带向西南楔入，后来的突厥，则从阿尔泰山附近向东南楔入。中原和塞内愈混乱，他们南下得愈快愈深入。在这一方面，拓跋鲜卑可说是最好的实例。

北魏王朝的创造者拓跋鲜卑，本身原是很落后的野蛮部族；他们走出大兴安岭，占据广大草原，到比较强盛时，就不断侵扰汉族王朝的北边，也以掳掠人口和牲畜起家。经营土默特和代北地区后，势力更见雄厚，终于入主中原而且统一了黄河流域。从前它侵犯汉边，被汉人视为北狄。现在它成为中原之主，它北边又出现了一个和它从前同样落伍野蛮的柔然，不断侵扰北边。老北狄为防范新北狄，要筑长城和镇戍来防御。最先是北魏明元帝泰常八年（423），拓跋嗣为了夺取刘宋的河南州郡，先在北边建筑长城2000多里，并设置镇戍，任命镇将，防止柔然南侵；柔然的存在，不单威胁魏的北方，并且也妨碍它南征伐宋。

早在孝文帝拓跋宏即位的延兴元年（471）十月，沃野、统万二镇的敕勒人就曾叛变。"诏太尉、陇西王源贺追击,至枹罕,灭之,斩首三万余级;徙其遗迸于冀、定、相三州为营户。"(《魏书·高祖纪》)第二年正月,统万镇胡民又相率北叛,诏宁南将军、交阯公韩拔等追击消灭。这时北魏朝廷虽甚富盛,小国纷纷进贡,但军事力量已不如前了。自古以来,就未见强有力的军团能永久存在。

柔然和南朝是有联系的,曾相约夹击北魏,使其军力分散。譬如公元479年,南朝齐高帝建元元年,北魏利用南朝换代的机会,派兵分道南侵;齐高帝萧道成就曾派遣骁骑将军王洪范出使柔然,相约夹击北魏。唯当时整个北方,从渤海湾直到新疆博斯腾湖,全属北魏版图,并且北魏还在博斯腾湖西岸的员渠设有焉耆镇,故使节往来困难,必须绕道青海到西域。"洪范自蜀出吐谷浑,历西域乃得达。至是柔然十余万骑寇魏,至塞上而还。"公元483年,"八月庚申,骁骑将军王洪范自柔然还,经涂三万余里"。出使一趟头尾费时5年。《南史》也有公元480年"九月丙午,柔然遣使来聘"的记载。

《资治通鉴》卷一三五齐高帝建元二年(480):"(九月)丙午,柔然遣使来聘。"同书翌年"(九月)辛未,柔然主遣使来聘,与上书,谓上为'足下',自称曰'吾',遗上师子皮袴褶,约共伐魏"。因为柔然在远,和汉文化隔绝,故和拓跋魏的汉化程度相差甚大,被北魏称为北狄。他们想象不到江南皇帝无须狮子皮作袴襦。

在道武帝和太武帝两朝,拓跋鲜卑的军团实力处于绝对优势;攻无不克,所向披靡。柔然屈居下风,不敢正面冲突,多改采轻骑袭击的战略。譬如公元427年五月,太武帝亲攻坚强据点统万城,七月柔然乘机寇云中,但一听说拓跋焘已攻陷统万,立即北遁。唯翌年八月,柔然纥升盖可汗又派遣其子率万余骑寇魏北边。

柔然和北魏为敌,时期拖得很长,几乎可说和北魏的国运相始终。献文帝拓跋弘在位之际,以及将皇位让给儿子当年轻太上皇时,曾抵御过几回柔然的犯边。《资治通鉴》卷一三二宋明帝泰始六年,亦即北魏拓跋弘皇兴四年(470):"柔然部真可汗侵魏……魏主使京兆王子推等督诸军出西道,任城王云等督诸军出东道,汝阴王天赐等督诸军为前锋,陇西王源贺等督诸军为后继,镇西将军吕罗汉等掌留台事。诸将会魏主于女水之滨,与柔然战,柔然大败。乘胜逐北,斩首五万级,降者万余人,获戎马器械不可胜计。旬有九日,往返六千余里。改女水曰武川。"武川即荒干水(今大黑河)北岸支流,发源大青山中。

《魏书》卷七记载孝文帝延兴二年(472)二月,柔然又南下侵魏,"太上皇帝次于北郊,诏诸将讨之。虏遁走……东部敕勒叛奔蠕蠕,太上皇帝追之,至石碛,不及而还……三月……连川敕勒谋叛,徙配青、徐、齐、兖四州为营户"。秋七月,柔然部帅无卢真将三万骑寇魏敦煌,镇将尉多侯击走之;又寇晋昌,守将薛奴击走之。冬十月,柔然侵魏及于五原;十一月,上皇自将讨之,将度大漠,柔然北走数千里,上皇乃还。三年(473)十二月壬子,柔然再犯边,"柔玄镇二部敕勒叛应之"。

到这个时候，柔然已不再畏惧北魏王朝的军力，它不但加紧犯边，并且策动敕勒反叛。《北史·太武五王·广阳王建传附渊传》说拓跋魏在太和以前，一向"盛简亲贤，拥麾作镇"。屯戍北部的各级将士乃至戍卒，绝大部分也皆选自拓跋贵胄或强宗子弟。按拓跋鲜卑的惯例，边境每年秋冬两季，分东、中、西三路出边游击，防范柔然来侵，直到翌年仲春才收兵归镇。此项办法，早期执行很严格。等到柔然衰弱，已无力正面犯边时，此项办法也跟着松弛了。现在国都南迁，平城的重要性远不如前，连卫护北方的六镇也不再受人重视了。事实上迁都洛阳后，北边也很少有战争，各镇被视为荒远地区。于是镇将和各级军官，也就乐得以"游防"为名，驱使守边兵卒出境去掳掠人畜，对边民进行残虐的压迫和剥削，埋下了日后叛乱的祸源。

六镇将帅参僚的贪残，史籍中有很多记载。例如《魏书·于栗䃅传附祚传》："太和中……除假节、振威将军、沃野镇将，贪残多所受纳。"同书《汝阴王天赐传》："累迁怀朔镇大将，坐贪残，恕死，削除官爵。"

《资治通鉴》卷一四五梁武帝天监二年（503）："魏既迁洛阳，北边荒远……恒、燕、朔三州，赈给贫乏，考论殿最……怀通济有无，饥民赖之……怀又奏：'边镇事少而置官猥多，沃野一镇自将以下八百余人，请一切五分损二。'魏主从之。"同书同卷：

> 柔然侵魏之沃野及怀朔镇，诏车骑大将军源怀出行北

边,指授方略,随须征发,皆以便宜从事。怀至云中,柔然遁去。怀以为用夏制夷,莫如城郭;还至恒代,按视诸镇左右要害之地,可以筑城置戍之处,欲东西为九城,及储粮积仗之宜,犬牙相救之势。凡五十八条,表上之,曰:"今定鼎成周,去北遥远,代表诸国颇或外叛,仍遭旱饥,戎马甲兵十分阙八。谓宜准旧镇,东西相望;令形势相接,筑城置戍,分兵要害,劝农积粟,警急之日,随便翦讨。彼游骑之寇,终不敢攻城,亦不敢越城南出。如此,北方无忧矣。"魏主从之。

南朝因为政局的长期不稳定,内争激烈,即使北朝给予可乘之机,也不可能有力量北伐。北朝虽在骑兵方面占优势,但南朝有淮河和长江的双重天险,特别是长江,北军想顺利渡江,事实上也不容易。故南北朝基本上长时期以淮河为界,虽一时有进有出,起不了多大作用。因此淮河沿岸的主要城市,例如寿阳、淮阳、盱眙等,地位就显得突出,南北双方的史书都不断提到。北方游骑固然有快速的优点,但碰到水泽地带或雨季,也要丧失威力。《资治通鉴》卷一三五齐高帝建元二年(480):"魏刘昶以雨水方降,表请还师,魏人许之;丙午,遣车骑大将军冯熙将兵迎之。"同书卷一四五梁武帝天监三年(504)条:"魏诏任城王澄,以'四月淮水将涨,舟行无碍;南军得时,勿昧利以取后悔'。会大雨,淮水暴涨,澄引兵还寿阳。魏军还既狼狈,失亡四千余人……有司奏夺澄开府,仍降三阶。"

北魏为实施军事统制，在全国设立了许多镇，其中以西北边所设的10多个为较早，包括著名的六镇。六镇分布于长城以外、大漠之南，阴山沿线；自东到西为怀荒、柔玄、抚冥、武川、怀朔和沃野，皆设立于太武帝拓跋焘延和二年（432）。最西的沃野镇，位置有较大改变，初期在后套的西口（西汉朔方郡西部都尉治），稍后迁移至后套东北边外，亦即东汉受降城西南约50公里；最后搬到河套东口，西汉朔方郡郡治朔方城，即今乌拉特前旗东南黄河南岸。东北距怀朔镇（今固阳县城西南）123公里；怀朔镇东偏北距武川镇（今武川县城西）104公里；武川镇东北距抚冥镇（今四子王旗旗治东南）约60公里；抚冥镇东南距柔玄镇（今尚义县之西）175公里；柔玄镇东偏北距怀荒镇（今张北县治）75公里。六镇之间的相互距离，平均为107公里。至于怀荒镇东南侧90公里的御夷镇，则设于孝文帝太和末年，不在六镇之列。

武川镇的位置，在荒干水北岸支流白道中溪水的源头西岸；东距现在武川县城13公里，地处阴山山脊，北望极目是草原。即使今天的武川县城，位置也很扼要；它在大青山北坡，东南20公里为白道岭（白道关）；再东南13公里为古白道城。白道城曾是阴山南麓很重要的军事据点，东南距现在的内蒙古自治区首府呼和浩特市约5公里。白道城可能是武川、抚冥二镇后方更高级将领的驻地。

抚冥镇的位置，在北方六镇中居于最北；在向北流的锡拉木林河东源东侧，西北距今四子王旗旗治不过10公里。在1984年6月考察阴山北坡土地利用时，因受时间限制，找不到抚冥镇的遗址,但看见了一个据说就是北魏六镇之一武川镇的废墟。

六镇初设之际,朝廷对之很重视;将领的选拔,也甚严格。《魏书》记载:"盛简亲贤,拥麾作镇;配以高门子弟,以死防遏。"或"征发中原强宗子弟,或国之肺腑,寄以爪牙"。士兵方面,也认为当镇兵是一项光荣的事。他们维持义务当兵的惯例,士兵的素质较高。他们"不但不废仕宦,至乃偏得复除"。但随着封建制的发展,部族内部的分化加速进行。洛京某些同族人的地位上升了,在边镇的就显得相对低下;同时部族成员要义务当兵的传统中止了,到边镇当兵的罪犯增加了。于是当镇兵成为下等贱民的事,士兵素质就此下降。迁都洛阳之后,平城不再是京城,六镇的重要性大减,镇兵更受人轻视。《北史·太武五王·广阳王建传附渊传》:"自非得罪当世,莫肯与之为伍。"这样被人瞧不起,又怎么不变成怨愤的乱民呢?

六镇的居民,多数是被迁徙和俘虏的少数民族及汉人,包括一些罪犯,被称为"新民";罪犯初期较少,到献文帝拓跋弘时大增。《魏书·刑罚志》说到了孝文帝元宏时,则"全命徙边,岁以千计"。拓跋鲜卑的部族成员,称为"旧人",包括将领、僚吏、参佐和士兵等,人数较少。拓跋部族的人口本来就不多,还怕人口太少了给汉人轻辱。

《魏书》卷三五《崔浩传》:

> 神瑞二年(415),秋谷不登,太史令王亮、苏垣因华阴公主等言谶书,国家当治邺,应大乐五十年,劝太宗迁

都。浩与特进周澹言于太宗曰:"今国家迁都于邺,可救今年之饥,非长久之策也。东州之人,常谓国家居广漠之地,民畜无算,号称牛毛之众。今留守旧都,分家南徙,恐不满诸州之地。参居郡县,处榛林之间,不便水土,疾疫死伤,情见事露,则百姓意沮;四方闻之,有轻侮之意;屈丐(指赫连勃勃)、蠕蠕(指柔然)必提挈而来,云中、平城则有危殆之虑,阻隔恒代千里之险,虽欲救援,赴之甚难,如此则声实俱损矣。今居北方,假令山东有变,轻骑南出,耀威桑梓之中,谁知多少?百姓见之,望尘震服。此是国家威制诸夏之长策也。"

他们害怕人口稀少的真相被老百姓知道。

被迫迁徙的少数民族中,以敕勒(高车)占最多数,日后最先叛乱的也正是他们。《魏书·孟威传》:"时四镇高车叛投蠕蠕,高祖诏威晓喻祸福,追还逃散,分配为民。"后来在河北叛乱的领袖鲜于修礼,便是敕勒人。《魏书·蠕蠕传》记载神麚二年(429)太武帝拓跋焘进攻柔然可汗大檀,大檀失败西奔;于是部落四散,窜伏山谷;畜产布野,无人收视……高车诸部杀大檀种类,前后归降三十余万。"世祖闻东部高车屯已尼陂,人畜甚众,去官军千余里。遂遣左仆射安原等往讨之;暨巳尼陂,高车诸部望军降者数十万。"这大批人口连同他们所拥有的牲畜,被迫南徙,就被安置在六镇一带。《资治通鉴》卷一三六齐武帝永明二年(484)九月条:"魏世祖破蠕蠕,列置降人于漠南,东至濡源,西暨五原、阴山,竟三千里,分为六镇。"

把投降的部族安置在北边如此广阔的地区,在军力全盛时期是可行的。一方面让他们继续固有的行业,给政府提供丰富的畜产品;另一方面也让他们防御柔然,保卫京城,作为缓冲地带。高车既然当大檀失败时乘机杀害柔然,必然会尽力抵挡柔然犯边。上面曾提到由于高车族牧畜的繁盛,使得北魏畜产品价格大幅下降。这自然是好事。《敕勒歌》所唱"天苍苍,野茫茫,风吹草低见牛羊",就是描写当时的牧区景象[1]。但他们到底是屈辱的被压迫者,当鲜卑军力衰弱,不能再控制降民时,高车就率先叛乱了。他们分布在北边,再向北逃奔便成了。

被迫迁移到六镇的少数民族,还有青藏高原的吐谷浑人以及内地山居的所谓"蛮人",可见六镇居民的成分是很混杂的。《魏书·高祖纪》记载,延兴四年(474)十二月,"诏西征吐谷浑兵在句律城初叛军者斩,次分配柔玄、武川二镇"。同书《蛮传》记载景明三年(502):"鲁阳蛮、鲁北燕等聚众攻逼颍川,诏左卫将军李崇讨平之,徙万余家于河北诸州及六镇。"这些从各方面来的移民,固然受当地镇军府管辖,属于府户,但其中敕勒人在初期被迁到六镇时,北魏王朝还不曾拆散他们的部落组织,他们仍由原来的部落酋帅所统率。因此《魏书·道武七王·京兆王黎传附江阳王继传》,记载了元继担任柔玄镇大

---

[1] 相传《敕勒歌》是斛律金作的,而他便是敕勒部人。《北齐书·斛律金传》:"斛律金字阿六敦,朔州敕勒部人也。"

将时,"高车酋帅树者拥部民反叛"。

《魏书·高祖纪》说延兴元年(471)"冬十月丁亥,沃野、统万二镇敕勒叛。诏太尉、陇西王源贺追击,至枹罕,灭之,斩首三万余级;徙其遗迸于冀、定、相三州为营户"。翌年三月,另又记载"连川敕勒谋叛,徙配青、徐、齐、兖四州为营户"。这些迫迁之民,后来就成为华北平原大暴乱之源。暴乱加上讨伐,在中华大地上燃起熊熊大火,构成一座文化混合的熔炉,各个民族都付出了惨痛的代价,同时创造出一股新的力量,使中国文化的起伏到盛唐时出现另一高潮。

太和十八年(494)夏天,孝文帝巡视了六镇,《水经注》的作者郦道元随行。"(八月)甲辰,行幸阴山,观云川。丁未,幸阅武台,临观讲武。癸丑,幸怀朔镇。己未,幸武川镇。辛酉,幸抚冥镇。甲子,幸柔玄镇……丙寅,诏六镇及御夷城人,年八十以上而无子孙兄弟,终身给其廪粟。"这指出当时御夷虽已筑城,但尚未正式设镇。唯《水经注·沽河》说此河"又南迳御夷镇城西,魏太和中置以捍北狄也"。很可能孝文帝巡视后便下令置镇了,时限不出太和十八年到二十三年(499)。此处的北狄主要系指柔然,有时也包括高车。

柔然长期以来是北魏的劲敌,不断地侵扰北边;公元429年太武帝亲率大军击败柔然可汗大檀后,大檀之子吴提向魏求和,边境暂时平靖。但到了公元436年,吴提就又"绝和犯塞",于是在公元438年,太武帝再度亲征。从此以后,北魏和柔然的战争持续不绝。公元443年,太武帝三度亲征吴提,四道并出,追到鹿浑谷,吴提遁走。此等战争的规模都很大,六镇居民要负运送军粮之类的繁重徭役。文成帝、献文帝、孝文帝数朝，皆断续和柔然战争。孝文帝时，还每年派遣三路军队驻守漠南；元平原便是每年率军驻屯漠南，以备柔然的将领之一。但此项驻军，并非终年驻守，而是每年秋冬，遣军三道并出，以防北寇，到仲春班师。故源贺认为此非御夷防边的长久之计，建议募诸州镇有武健者三万人，复其徭赋，厚加赈恤，分为三部。每两镇之间增筑一城，每城置一万人……使有武略的大将二人抚守。这可能是鉴于六镇之间相互距离颇远，不一定能阻挡柔然的入侵，故要在六镇之间增设三个防御点。例如公元439年，太武帝西征北凉沮渠牧犍，留穆寿等防守平城，吴提乘机南下，一直冲到善无七介山，威胁平城，证明六镇并不一定能够阻敌。

这些军镇的遗址，在内蒙古乌兰察布盟和伊克昭盟（编者注：今鄂尔多斯市，下同）都有发现。例如伊克昭盟准格尔旗石子湾村东边的石子湾古城，南北长240米，东西宽160米；城北阻小河，东西皆为起伏的山岭，城址的选择很讲究。城内有许多台基遗址，除遍布北魏时代的布纹瓦、筒瓦和兽面瓦当、"富贵万岁"隶书铭瓦当以及铜镞、铁镞等物外，还有绳纹砖和简化的晚期卷云纹瓦当。城外东、西、北三面都有较厚的包含各种建筑材料的北魏文化层。乌兰察布盟武川县西南20多公里大青山北麓，有一处叫作土城梁的古城，规模较大，扼南入大青山"白道中溪"的西侧；其南、东南、西南皆为大青山所环抱，缺口向北。共有南北二城，南城较小，南北长约130米，东西较短狭（东墙100米、西墙90多米）。南墙正中开辟城门,城内中部偏北有长35米、宽30米、高约7米的建筑台基,附近散布着瓦、筒瓦、瓦当和箭镞。北城较大,南北长400多米,东西宽300米。南北两城之间相距仅50米,考古工作者认为这便是六镇之中的武川镇城址。

土城梁古城的东南,在隔大青山相对的位置,东南距呼和浩特市6公里处,另有一座坝口子土城,东西宽360米,因北墙地面上已全无痕迹,故全城规模不得而知。其地北傍大青山,扼北通武川的大道,战略位置重要。按照《水经注》"自城北出有高坂,谓之白道岭"的记载,可能便是北魏著名的白道城。白道城是大青山北各城镇的后方据点,应该属于更高一级镇将的驻所。城内距离南墙170至190米处筑有东西向的土墙一道,把城内分为南北二城;北城中部的子城,大致是这位高级镇将的衙署和住宅;南城内西距西墙约150米处,复筑有南北向土墙一道,把南城划分为东西二部。在此古城之中,曾发现4枚波斯萨珊王朝银币,这说明北魏晚期,北方的边防镇城和西方存在着交通贸易的关系。

在这座推测可能是白道城的近郊,东北距坝口子村约5公里处,发现了一个拓跋部贵族的墓葬,出土了漆棺和一套中原流行的陶仓、舞俑、井、磨、碓、灶等庖厨明器以及象征墓主人外出时乘坐的车辆的陶牛车等随葬品,反映了当时鲜卑人所受的汉化程度已经很深。

呼和浩特市美岱村发现的拓跋鲜卑墓葬,时间可能为公元4世纪末期,墓中还没有随葬陶俑。但在呼和浩特内蒙古大学南边发现的另一座鲜卑墓,因时代较迟,就出土了造型拙稚的随葬俑群；出土陶俑共计15件，还有动物和庖厨用品模型。同汉晋俑群比较，可说四组内容具备（第一组为镇墓俑，第二组为出行仪仗，第三组为侍仆舞乐，第四组为庖厨操作）。其中第一组是两件比其余陶俑约高一倍的镇墓俑，作甲胄武士状，大头巨臂，比例失调，形态狰狞。第二组除牛车、鞍马以及戴风帽的侍仆等外，还出现了骆驼及牵驼俑。第三组除男女侍仆外，尚有舞乐女俑，皆高髻包巾，穿窄袖曳地长衣，也便是孝文帝要废除的鲜卑装束。第四组有羊、猪、犬、鸡和灶、磨、井、仓、碓等。

大同石家寨发现的司马金龙夫妇合葬墓，葬入时间为延兴四年到太和八年（474—484），又比呼和浩特市南侧的北魏墓迟，所出土的陶俑造型已比较成熟，数量也更多，总数超过360件。这当然也和墓主的职位身份有关，但多少反映了一项事实：即使在孝文帝改制汉化之前，拓跋鲜卑已经在和汉族接触交往的过程中，在文化、习俗等方面深受汉文化影响；其埋葬制度也由以鲜卑习俗为主，逐步转向接受汉晋埋葬制度的许多内涵。习俗的变异经常需要较长的时间。

孝文帝迁都洛阳后，礼仪制度日趋严密，埋葬制度也更见规范化。这可从入葬于建义元年（528）的常山文恭王元邵墓得到证明。此墓曾遭盗掘，俑群已有残失，但仍存100多件；而且制作精致，皆为泥质灰陶，头和身躯分别模制后，插合成为整体，再略加修饰，全身施以粉彩，然后用朱彩表现出服饰、甲胄等细部。俑群的四组内容齐备。北魏陶俑在大致沿袭汉晋俑群的基础上，增添了许多反映北方情况的新内容。孝文帝实行汉化政策以后所改定的丧葬制度,既非完全恢复汉晋原貌,又非全面仿效南朝的传统。故《北史·王肃传》:"自晋氏丧乱,礼乐崩亡,孝文虽厘革制度,变更风俗;其间朴略,未能淳也。"

十四　内乱·分裂·灭亡

当草原帝国势力衰退,边境烽烟四起,中央统治集团腐化之际,在帝国的核心地带,今山西省北部的秀容川,涌现出一小撮粗鲁无华的军人;他们先捣毁朝廷,再把帝国分裂为东西两部,分别使之灭亡。此一地区的自然条件适宜畜牧,长期以来畜牧繁盛,成为胡骑进侵的目标。北魏曾在此处设立秀容护军,以统制胡人;后来又置秀容郡,隶属肆州。肆州系介于恒州、并州、汾州之间,地位很重要。到北魏末年国势衰弱时,秀容胡人便杀郡太守、太仆卿,起来造反了。虽赖酋长尔朱荣讨平,但后来使北魏分裂灭亡的,正是这个秀容酋长尔朱荣。

尔朱荣的祖父尔朱代勤,曾任肆州刺史,赐爵梁郡公,活了90多岁。到他儿子新兴继承时,畜牧业的规模更见扩大。"牛羊驼马,色别为群;弥漫川谷,不可胜数。"朝廷每次出兵,尔朱新兴都贡献军马和粮食,获得孝文帝嘉许;新兴年老,请传爵位给儿子荣,得到朝廷许可。尔朱荣神机明决,御众严整。当四方叛乱时,他就有篡夺的野心;散其畜牧资财,结纳骁勇豪杰,侯景、高欢、贾显度、段荣、窦泰等人,皆往依附;其中侯景最后又投奔南朝,把收容他的梁武帝萧衍困饿而死,又在江南富庶地区大肆劫掠破坏,成为南朝最大的祸害。高欢则把持东魏政权,直至他儿子篡东魏为北齐。西魏的主宰宇文泰,也曾是尔朱荣的下属。

《资治通鉴》卷一五二："初，宇文肱从鲜于修礼攻定州，战死于唐河。其子泰在修礼军中，修礼死，从葛荣；葛荣败，尔朱荣爱泰之才，以为统军。"

尔朱氏为世居晋北桑干河、汾河源头和滹沱河上游中间的羯人，常领部落，世为酋长，和鲜卑部族没有渊源关系；但当道武帝拓跋珪兴起时，尔朱荣的高祖尔朱羽健，就看中形势而归附。其人熟悉晋北地形，曾率契胡武士千七百人从驾征晋阳、中山，有功拜散骑常侍，并获赐地。"以居秀容川，诏割方三百里封之，长为世业。"祖父尔朱代勤，继为领民酋长，为世祖拓跋焘敬哀皇后之舅。"以外亲兼数征伐有功，给复百年，除立义将军。"此人活到91岁。父尔朱新兴，太和中继为酋长；家势豪擅，财货丰赢。"牛羊驼马，色别为群，谷量而已。朝廷每有征讨，辄献私马，兼备资粮，助裨军用。高祖嘉之，除右将军、光禄大夫。及迁洛后，特听冬朝京师，夏归部落。每入朝，诸王公朝贵竞以珍玩遗之，新兴亦报以名马。转散骑常侍、平北将军、秀容第一领民酋长。新兴每春秋二时，恒与妻子阅畜牧于川泽，射猎自娱。肃宗世，以年老启求传爵于荣，朝廷许之。正光中卒，年七十四。"可见这一特殊家庭，和朝廷的关系一向良好。尔朱荣袭爵后，除直寝、游击将军。正光中，四方兵起，遂散畜牧，招合义勇，给其衣马。在这个时期，曾代朝廷讨平不少叛乱。例如正光五年（524），南秀容牧子万于乞真杀太仆卿陆延，就靠尔朱荣讨平。

尔朱荣的个性多变，有时显得真朴，有时则甚残暴，特别

是他入洛控制了朝廷之后。《资治通鉴》卷一五二:

> 荣举止轻脱,喜驰射,每入朝见,更无所为,唯戏上下马;于西林园宴射,恒请皇后出观,并召王公、妃主共在一堂。每见天子射中,辄自起舞叫,将相卿士悉皆盘旋,乃至妃主亦不免随之举袂。及酒酣耳热,必自匡坐唱虏歌;日暮罢归,与左右连手蹋地唱《回波乐》而出。性甚严暴,喜愠无常;刀槊弓矢,不离于手,每有瞋嫌,辄行击射,左右恒有死忧。

尔朱荣是董卓型的人物,两人皆对洛阳犯过滔天大罪:一个杀人,一个放火!

正光元年(520)是北魏王朝由富盛趋向没落的转捩点。这一年的七月,元叉和刘腾幽禁胡太后于北宫,杀太傅、领太尉、清河王怿,总勒禁旅,决事殿中。八月,相州刺史、中山王熙举兵欲诛元叉、刘腾,失败被杀;翌年三月,右卫将军奚康生在禁内欲杀元叉,结果反为元叉所害。于是埋伏了内乱的种子,并且很快萌芽。朝廷的内乱,虚耗了北魏的兵力。

这时对北方的大敌柔然,已无力征讨镇压;非但道武帝和太武帝那种得心应手的征伐不见了,而且连守成也感觉困难。正光四年(523),柔然主阿那瓌率众犯塞,朝廷遣尚书左丞元孚兼尚书,为北道行台,持节往喻,结果反为阿那瓌所执,挟持驱掠畜牧北遁。诏遣骠骑大将军、尚书令李崇,中军将军兼尚书右仆射元纂率骑十万讨伐,出塞三千余里,不及而返。

更严重的叛乱爆发于正光五年（524）三月，沃野镇人破六韩拔陵（破落汗拔陵）聚众反，杀镇将，号真王元年；朝廷诏临淮王彧为镇军将军，都督北征诸军事讨伐。夏四月，高平镇的酋长胡琛亦反，自称高平王，攻高平镇响应拔陵。五月，临淮王元彧被击败于五原，削除官爵。改遣尚书令李崇为大都督，率领广阳王渊等北讨。结果都督崔暹在白道关一带被击败，大都督李崇率众退回平城，对其他各镇的军心有很坏影响。同年六月，秦州城人莫折太提据城反，自称秦王，杀刺史李彦；诏雍州刺史元志征讨。南秦州城人孙掩、张长命、韩祖香据城反，杀刺史崔游响应莫折太提。太提遣城人卜朝袭克高平，杀镇将赫连略、行台高元荣。七月，凉州幢帅于菩提、呼延雄执刺史宋颖据州反。于是整个北方骚动。叛人杀刺史造反，成为当时叛乱的一项普遍形式。八月甲午，雍州刺史元志大败于陇东，退守岐州。丙申，孝明帝下诏："诸州镇军贯，元非犯配者，悉免为民；镇改为州，依旧立称。"

广阳王元嘉的儿子元渊[1]，曾任肆州和恒州刺史，对北边的

---

[1]《魏书》很早就残缺，有很多地方用《北史》来填补。《魏书》所有有关传记皆作"广阳王渊"，唯此传用《北史》补入，《北史》因避李渊讳改名为深，史家不察，也就放心用"深"了！又元渊之子名湛，字士深。所有《魏书》版本及《北史》卷一六中的"深"字皆作"渊"字，父子岂有同名之理？这大概是后来的史家，不知"元深"的深字本为"渊"字，反疑此处的"士深"为《北史》因避讳所改，故又将其改回"渊"字。《墓志集释元湛墓志》作士深，这不会错。中国史料需要整理、修订、统一之处太多了，而史家多数把生命、精力、时间花费在别的事情上，可惜、可哀、可叹极了！

事情比较明了,故当沃野镇人破六韩拔陵反叛,临淮王彧讨伐失败时,曾起用元渊为北道都督,受尚书令李崇节制。其时东道都督崔暹败于白道,渊率诸军退还朔州,曾经上书朝廷:

> 边竖构逆,以成纷梗,其所由来,非一朝也。昔皇始(道武帝拓跋珪的第二个年号,指396年至398年)以移防为重,盛简亲贤,拥麾作镇,配以高门子弟,以死防遏,不但不废仕宦,至乃偏得复除。当时人物,忻慕为之……自定鼎伊洛,边任益轻,唯底滞凡才,出为镇将,转相模习,专事聚敛。或有诸方奸吏,犯罪配边,为之指踪;遇弄官府,政以贿立,莫能自改……及阿那瓌背恩,纵掠窃奔,命师追之,十五万众度沙漠,不日而还。边人见此援师,便自意轻中国。尚书令臣崇时即申闻,求改镇为州,将允其愿,抑亦先觉。朝廷未许。而高阙戍主率下失和,拔陵杀之,敢为逆命;攻城掠地,所见必诛。王师屡北,贼党日盛……今日所虑,非止西北,将恐诸镇寻亦如此;天下之事,何易可量。

此时灵太后当政,政权已彻底腐烂。孝明帝元诩只是一个傀儡,即使亲政,此人亦不可能有所作为。朝廷不及时改镇为州,州下设置郡县,容纳流散边民;等到东西部敕勒叛乱,政府才又考虑元渊之言,派遣兼黄门侍郎郦道元为大使,欲复镇为州,以顺人望。但六镇全部反叛,在时间上已经太迟了。

叛乱不限于边境，也不限于西部。山西核心区有人造反了。正光五年（524）八月丁酉，南秀容牧子万于乞真反，杀监管畜牧的太仆卿，赖别将尔朱荣讨平。到了十月，东北边的营州城人刘安定、就德兴据城反，执刺史李仲遵。同时高平镇的胡琛，遣其将宿勤明达寇幽州、夏州、北华州等三州。十一月戊申，莫折天生攻陷岐州，执都督元志及刺史裴芬之。高平人攻杀卜胡，共迎胡琛。十二月山西汾州正平、平阳山胡叛乱。在陇西方面，莫折念生于同年底遣兵攻凉州，城民赵天安复执刺史响应。

孝昌元年（525）正月，徐州刺史元法僧据城反，杀行台高谅，自称宋王，年号天启，遣其子景仲归附梁武帝萧衍。三月，齐州清河民崔畜杀太守董遵，广川民傅堆执太守刘莽反。破六韩拔陵别将王也不卢等，攻陷了怀朔镇，于是乱局更见严重。

就在这一年四月，被幽禁的胡太后又恢复临朝摄政，政事继续败坏。也便在此时，征西将军、都督崔延伯大败于泾川，战殁。六月柔然主阿那瓌率军大破拔陵，斩其将孔雀等，倒转过来帮了北魏的忙，当然也要顺便大事劫掠。八月柔玄镇人杜洛周率众反于上谷，亦自称真王，攻陷郡县，南围燕州。一直被视为诸蛮的少数民族，包括荆蛮、山胡等，也起来反抗日益腐朽的中央政权。

公元525年前后，北边的州镇尽没；唯云中一城独存，云州刺史费穆最后也弃城南奔秀容投尔朱荣。初，敕勒酋长斛律金，事怀朔镇将杨钧为军主，行军用匈奴法，望尘知马步多少，嗅地知敌军远近。破六韩拔陵反，斛律金拥众归附；稍后拔陵为柔然击败,他也南奔投靠尔朱荣。相传斛律金便是"天苍苍,野茫茫,风吹草低见牛羊……"这首著名的《敕勒歌》的作者。

《资治通鉴》卷一五一梁武帝普通七年(526):"魏安北将军,都督恒、朔讨虏诸军事尔朱荣过肆州,肆州刺史尉庆宾忌之,据城不出。荣怒,举兵袭肆州,执庆宾,还秀容,署其从叔羽生为刺史,魏朝不能制。"事实上,尔朱荣此时已经很跋扈了。

镇军将军广阳王元渊,随北讨大都督李崇平乱,看到局势严重,曾经上书朝廷:"今六镇尽叛(指523年六镇叛乱),高车二部(东西敕勒)亦与之同;以此疲兵击之,必无胜理。不若选练精兵守恒州诸要,更为后图。"接着便同李崇引兵退还平城。稍后元渊逼走了李崇,一人专总平城军政。但不久连平城也失陷了。《资治通鉴》卷一五一梁武帝普通七年(526):"魏仆射元纂以行台镇恒州。鲜于阿胡拥朔州流民寇恒州,戊申,陷平城,纂奔冀州。"平城原为拓跋魏国都,当时为恒州州治,也被流民攻下,足见政府的军力已甚薄弱。

北魏和南朝萧梁的关系,到526年冬天魏扬州刺史李宪以寿阳降梁,梁宣猛将军陈庆之入据其城,一下子收复了52座城,获男女75000口,形势也完全改变;草原帝国已临瓦解的边缘,再也无力南侵了。但南朝缺乏大将人才,虽乘机发动北伐,并无多大成就。例如派遣曹义宗攻荆州,便被魏将费穆所俘,槛送洛阳;梁武帝支持北魏南奔的北海王元颢,一度进占洛阳,斩杀了费穆,最后还是被尔朱荣所遣的尔朱兆所击败。此乃后事。

很早以前，拓跋鲜卑统治者就把各式俘虏徙置华北平原，现在北方各州镇的流民，又涌入此一比较富庶的地区，正好被有野心的军人利用来作乱！

《梁书·侯景传》："魏孝昌元年（525），有怀朔镇兵鲜于修礼于定州作乱，攻没郡县；又有柔玄镇兵吐斤洛周（杜洛周）率其党与复寇幽冀，与修礼相合，众十余万。后修礼见杀，部下溃散，怀朔镇将葛荣因收集之，攻杀吐斤洛周，尽有其众，谓之葛贼。"这些溃兵散卒，后来便成为长期横行华北平原的一股很大军力，给人民带来惨重的灾害！

孝昌二年（526）正月，都督元谭次于军都，为杜洛周所败。五原降户鲜于修礼反于定州，号鲁兴元年。三月甲寅，西部敕勒斛律洛阳反于桑乾，西与河西牧子通连，赖尔朱容击破。四月朔州城人鲜于阿胡、库狄丰乐据城反，丁未，都督李琚到达蓟城之北，为杜洛周所败，李琚败死。七月丙午，杜洛周遣其别将曹纥真寇掠幽州。戊申，恒州继之失陷，行台元纂奔冀州。九月辛亥，葛荣击败都督广阳王元渊、章武王元融于博野白牛逻，融没于阵。葛荣自称天子，号曰齐国，年号广安。就德兴攻陷平州，杀刺史王买奴。十一月戊戌，杜洛周攻陷幽州。

孝昌三年正月，徐州民任道棱聚众反，袭据萧城以叛。辛巳，葛荣攻陷了殷州，遂转东而围冀州。南朝降人萧宝夤、元恒芝大败于泾州；大陇都督、南平王仲冏、小陇都督高聿相寻败散，东秦州刺史潘义渊以汧城降贼。高平虏贼逼岐州，城人执刺史魏兰根，以城响应。幽州刺史毕祖晖、行台羊深并奔退；祖晖阵殁。北海王颢亦败走，贼帅胡引祖据北华州以应之。贼帅叱干骐骥入据幽州。关中的形势也岌岌可危。三月辛未，齐州广川民刘钧执清河太守邵怀，聚众反叛，自署大行台；清河民房须自署大都督，屯据昌国城。七月陈郡民刘获、郑辩反于西华，年号天授。相州刺史、安乐王鉴据州反。九月，东豫州刺史元庆和以城南叛，投降萧梁。这么多地方纷纷起义，"执刺史以叛"，应该是人民大众对北魏王朝残苛统治的报复发泄。

十月甲寅，投奔北朝的南齐宗室雍州刺史萧宝夤，也据州反叛，自号曰齐，年号隆绪。十一月己丑，葛荣攻陷冀州，执刺史元孚；逐出居民，冻死者十六七。十二月戊申，都督源子邕、裴衍与葛荣战，败于阳平东北漳水曲，终于战死。到这个时候，北魏王朝似乎只剩下一张王牌，可用以平乱，那便是迅速坐大的尔朱荣军团。于是，朝廷乃封卫将军、讨房大都督尔朱荣为车骑将军、仪同三司，以资倾信。

武泰元年（528）正月乙丑，定州为杜洛周攻陷，刺史杨津被执。瀛州刺史元宁以城投降杜洛周。二月，群盗烧劫巩县以西，关口以东，公路涧以南，战火烧到都城邻近了。诏武卫将军李神轨为都督负责讨伐。同月杜洛周为葛荣所并，三月癸未，葛荣攻陷沧州，执刺史薛庆之，居民死者十八九。华北已是一片糜烂！就在这个时候，传出肃宗元诩暴崩的消息，给野心勃勃的尔朱荣率大军南下洛阳以借口和机会。

肃宗元诩久已厌恨郑俨、徐纥等佞臣，但迫于太后，不能驱除。这时他已19岁了，太后不欲交出政权，他始终无法亲政。于是密诏尔朱荣举兵南下，借以威胁太后。尔朱荣以高欢为先锋，亲领大军南下。但当他们率军到达上党时，年轻皇帝却又以私诏止之。"俨、纥恐祸及己,阴与太后谋鸩帝。癸丑,帝暴殂。甲寅,太后立皇女为帝,大赦。既而下诏称:'潘充华本实生女。故临洮王宝晖世子钊,体自高祖(宝晖为孝文帝之孙),宜膺大宝……乙卯,钊即位。钊始生三岁,太后欲久专政,故贪其幼而立之。"当政局危险到如此地步,她的作风竟愚蠢残忍到这样的程度,《魏书》怎可称她性聪悟呢?她被沉黄河,就拓跋王朝而言,实死有余辜。

尔朱荣兵临洛阳,立孝文帝弟彭城王勰之子长乐王子攸为帝,这便是孝庄帝。以尔朱荣为侍中、都督中外诸军事、大将军、尚书令、领军将军、领左右,封太原王。《资治通鉴》卷一五二梁武帝大通二年(528):"荣召百官迎车驾。己亥,百官奉玺绶,备法驾,迎敬宗(孝庄帝)于河桥。庚子,荣遣骑执太后及幼主,送至河阴。太后对荣多所陈说,荣拂衣而起,沉太后及幼主于河。"他一不做二不休,接着"请帝循河西至淘渚,引百官于行宫西北,云欲祭天。百官既集,列胡骑围之,责以天下丧乱,肃宗暴崩,皆由朝臣贪虐,不能匡弼。因纵兵杀之,自丞相高阳王雍、司空元钦、仪同三司义阳王略以下,死者二千余人"。[1]这样不分善恶忠佞的大屠杀,是史无前例的,

---

[1] 尔朱荣这回屠杀多少政府大臣,无一定论。《北史》:"荣感费穆之言,谓天下乘机可取,乃谲朝士共为盟誓,将向河阴西北三里;至南北长堤,悉命下马西渡,即遣胡骑围之,妄言丞相高阳王反,杀王公以下二千余人。"《魏书·尔朱荣传》作一千三百余人。《洛阳伽蓝记》:"十二日,荣军于邙山之北,河阴之野。十三日,召百官赴驾,至者尽诛之。"漏网的汝南王悦、北海王颢、临淮王彧,皆匆忙投奔南朝;鄞州刺史元愿达,亦据城南叛。

等于整个中央政权的解体。想得深一点,孝文帝汉化的成果,也几乎荡然无存!

这时尔朱荣又令军士呼号"元氏既灭,尔朱氏兴",随从皆呼万岁,看样子他真有篡夺之意。"荣又遣数十人拔刀向行宫,帝与(其兄)无上王劭、(其弟)始平王子正俱出帐外。荣先遣并州人郭罗刹、西部高车叱列杀鬼侍帝侧,诈言防卫,抱帝入帐,余人即杀劭及子正;又遣数十人迁帝于河桥,置之幕下。"

《魏书·孝庄纪》记述尔朱荣入洛谋废立和杀人的次序稍有不同:

> 武泰元年(528)春二月,肃宗崩,大都督尔朱荣将向京师,谋欲废立。以帝家有忠勋,且兼民望,阴与帝通,荣乃率众来赴。夏四月丙申,帝与兄弟夜北渡河;丁酉,会荣于河阳。戊戌,南济河,即帝位。以兄彭城王劭为无上王,弟霸城公子正为始平王。以荣为使持节、侍中、都督中外诸军事、大将军、尚书令、领军将军、领左右,封太原王。己亥,百僚相率,有司奉玺绂,备法驾,奉迎于河梁。庚子,车驾巡河,西至陶渚。荣以兵权在己,遂有异志,乃害灵太后及幼主,次害无上王劭、始平王子正,又害丞相高阳王雍、司空公元钦……公卿已下二千余人。列骑卫帝,迁于便幕。既而荣悔,稽颡谢罪……辛丑,车驾入宫,御太极殿……改武泰元年为建义元年……五月丁

巳朔,加大将军尔朱荣北道大行台……辛酉,大将军尔朱荣还晋阳,帝饯于邙阴。

同书卷七四《尔朱荣传》,内容复有出入:

> 荣抗表之始,遣从子天光、亲信奚毅及仓头王相入洛,与从弟世隆密议废立。天光乃见庄帝,具论荣心,帝许之。天光等还北,荣发晋阳……师次河内,重遣王相密来奉迎,帝与兄彭城王劭、弟始平王子正于高渚潜渡以赴之。荣军将士咸称万岁。于时武泰元年四月九日也。十一日,荣奉帝为主……十二日,百官皆朝于行宫。十三日,荣惑武卫将军费穆之说,乃引迎驾百官于行宫西北,云欲祭天。朝士既集,列骑围绕,责天下丧乱,明帝卒崩之由,云皆缘此等贪虐,不相匡弼所致。因纵兵乱害,王公卿士皆敛手就戮,死者千三百余人,皇弟、皇兄并亦见害,灵太后、少主其日暴崩。荣遂有大志,令御史赵元则造禅文,遣数十人迁帝于河桥。至夜四更中,复奉帝南还营幕。帝忧愤无计,乃令人喻旨于荣曰:"帝王迭袭,盛衰无常,既属屯运,四方瓦解。将军杖义而起,前无横陈,此乃天意,非人力也。我本相投,规存性命,帝王重位,岂敢妄希,直是将军见逼,权顺所请耳。今玺运已移,天命有在,宜时即尊号。将军必若推而不居,存魏社稷,亦任更择亲贤,共相辅戴。"……于是还奉庄帝。十四日,舆驾

入宫[1]。于时或云荣欲迁都晋阳，或云欲肆兵大掠，迭相惊恐，人情骇震，京邑士子不一存，率皆逃窜，无敢出者。直卫空虚，官守废旷。

繁盛一时的洛阳，从此迅即衰落。

河阴之役，衣冠涂地。这个时候，北魏朝廷已被击毁，尔朱荣随时可以篡位。唯东方还存在着一股敌对的武力，即葛荣统率号称百万的流民。当尔朱荣北还晋阳时，葛荣的大军却指向京师。相州刺史李神轨闭门自守；葛荣前锋已过汲县，所在村坞悉被残略。这是尔朱荣所不能容许的，当年九月他便引兵东出滏口，在邺城以北和敌人决战；以少胜众，并俘获葛荣，槛车送赴洛阳。于是朝廷封尔朱荣为大丞相、都督河北畿外诸军事，增邑一万户，通前三万。尔朱荣收用葛荣部将武川镇人

---

[1] 当尔朱荣带着孝庄帝入城，到太极殿登基，拜于阙下的只有一个人品卑下、漏网未死的散骑常侍，整部统治机器垮台了。尔朱荣惨杀元魏宗室重臣，沉溺太后及幼主后，曾欲迁都晋阳。后来看见洛阳宫殿壮丽，才打消迁都之意。《资治通鉴》卷一五二："辛丑，荣奉帝入城。帝御太极殿，下诏大赦，改元建义……荣犹执迁都之议，帝亦不能违；都官尚书元谌争之，以为不可，荣怒曰：'何关君事，而固执也！且河阴之事，君应知之。'谌曰：'天下事当与天下论之，奈何以河阴之酷而恐元谌！谌，国之宗室，位居常伯，生既无益，死复何损，正使今日碎首流肠，亦所无惧！'荣大怒，欲抵谌罪，尔朱世隆固谏，乃止。见者莫不震悚，谌颜色自若，后数日，帝与荣登高，见宫阙壮丽，列树成行，乃叹曰：'臣昨愚暗，有北迁之意，今见皇居之盛，熟思元尚书言，深不可夺。'由是罢迁都之议。"如此看来，尔朱荣又似乎并非完全是老粗。

宇文泰等，让降众数十万人故居各州郡，归地方官管辖。六镇之人内迁作乱，至此才告一段落。唯北等不事生产的鲜卑流民，在华北平原还是靠劫掠汉人维持生活。最后为高欢所收编，善诈的高欢赖以崛起。

尔朱荣接着又相继遣从子尔朱兆击败进入洛阳、逼使孝庄帝出奔山西长子的北海王元颢，使其退出京师；派另一从子尔朱天光为雍州刺史，会同都督贺拔岳、侯莫陈悦等击败盘踞幽州和泾州的万俟丑奴及萧宝夤，并擒拿丑奴、宝夤，槛车送阙，一口气解决了朝廷所有的大难题。于是朝廷再增封尔朱荣十万户，通前二十万户，并加前后部羽葆鼓吹。

葛荣虽然失败了，但流入并、肆等州的六镇乱民仍然存在；如何处置这大批流民，成为尔朱氏集团的棘手问题。尔朱荣的部将高欢向尔朱兆建议，对此等流民不能单纯靠镇压，而应实施分化，并加以收编。尔朱兆采纳了他的建议，后来高欢就把收编的六镇流民带到山东，在当地汉族的暗中支持下，势力很快强大起来。531年，高欢起兵消灭了潼关以东的尔朱氏势力，弑节闵帝元恭，另立孝武帝元脩，于是北魏政权从尔朱氏控制下转移到了高欢手中。在关中地区，和尔朱天光同时入关击败万俟丑奴和萧宝夤的贺拔岳，趁尔朱天光出兵攻打高欢的机会，联合秦州刺史侯莫陈悦，消灭了留守长安的尔朱氏势力。其后高欢又用离间之计，唆使侯莫陈悦杀死贺拔岳；而贺拔岳的部下拥戴宇文泰为首领，攻杀侯莫陈悦，终于使宇文泰控制了关中地区，成为西魏的统治核心。

最后尔朱荣又回晋阳。《魏书》本传记载："荣身虽居外，恒遥制朝廷，广布亲戚，列为左右，伺察动静，小大必知。"他的篡夺之心，仍旧存在。他将原为肃宗嫔的女儿转嫁给敬宗为后，受尽委屈的孝庄帝，就利用皇后产太子为名，诱荣入宫加以刺杀。本传说：

> 帝既图荣，荣至入见，即欲害之；以天穆在并，恐为后患，故隐忍未发。荣之入洛，有人告荣，云帝欲图之。荣即具奏，帝曰："外人告云亦言王欲害我，我岂信之？"于是荣不自疑，每入谒帝，从人不过数十，又皆挺身不持兵仗。及天穆至，帝伏兵于明光殿东廊，引荣及荣长子菩提、天穆等俱入。坐定，光禄少卿鲁安、典御李侃晞等抽刀而至，荣窘迫，起投御坐。帝先横刀膝下，遂手刃之，安等乱斫，荣与天穆、菩提同时俱死。荣时年三十八。于是内外喜叫，声满京城。既而大赦。

故事尚未结束。尔朱兆闻荣被害，立即自汾州率骑占据晋阳，并南下为荣报仇。京师防御乏力，帝终被尔朱兆所执，"幽于永宁佛寺。兆扑杀皇子，污辱妃嫔，纵兵房掠。停洛旬余，先令卫送庄帝于晋阳"，使北魏朝廷近100天没有皇帝。"兆后于河梁监阅财货，遂害帝于三级寺。"孝庄帝被弑时年24岁。一方面尔朱兆在晋阳弑了孝庄帝，另一方面镇守京师的尔朱度律找到了装哑多时的节闵帝元恭，又逼皇统比较疏远的东海王元晔禅让，改建明二年为普泰元年（531），至此政权完全操在尔朱氏手中。翌年高欢率军入洛，把节闵帝幽禁于崇训佛寺；

随之将其杀害,另立孝武帝元脩,他是北魏最后一个皇帝。北魏建造了许多佛寺,想不到后来竟被用为幽禁皇帝和招待叛兵的场所!

534年,北魏孝武帝永熙三年,南朝萧梁中大通六年,永宁寺壮丽无比的宝塔为火焚毁,成为草原帝国的陪葬品。《资治通鉴》卷一五六:"魏永宁浮图灾,观者皆哭,声振城阙。"孝武帝因不堪高欢的压力,西奔长安,投靠宇文泰。该年十月,高欢再到洛阳,另立元善见为皇帝,这是东魏的第一个皇帝,称为孝静帝。"丞相欢以洛阳西逼西魏,南近梁境,乃议迁邺,书下三日即行。丙子,东魏主发洛阳,四十万户狼狈就道。"北魏被分裂为东魏和西魏,洛阳就这样被废弃了。

孝武帝元脩,本封为平阳王。因和高欢不谐,才决心西奔长安依宇文泰。孝武是西魏尊称元脩的谥号,东魏则称其为出帝。《北史》卷五《孝武皇帝纪》永熙三年五月:

> 帝内图高欢,乃以斛斯椿为领军,使与王思政等统之,以为心膂。军谋朝政,咸决于椿……辛卯,下诏戒严,扬声伐梁,实谋北讨……秋七月己丑,帝亲总六军十余万,次河桥。高欢引军东度。丙午,帝率南阳王宝炬、清河王亶、广阳王湛、斛斯椿以五千骑宿于瀍西杨王别舍……众知帝将出,其夜亡者过半。清河、广阳二王亦逃归。略阳公宇文泰遣都督骆超、李贤和各领数百骑赴,骆超先至。戊申,贤和会帝于崤中。己酉,高欢入洛,遣娄昭及河南尹元子思领左右侍官追帝,请回驾……八月,宇文泰遣大都督赵

贵、梁御甲骑二千来赴,乃奉迎。帝过河(黄河),谓御曰:此水东流,而朕西上!……宇文泰迎帝于东阳,帝劳之,将士皆呼万岁。遂入长安。

至此,威赫一时的草原帝国,终因东西魏分裂而告灭亡。

参考文献

（1）大同市博物馆：《山西大同南郊出土北魏鎏金铜器》，《考古》，1983年第11期。

（2）大同市博物馆：《山西大同石家寨北魏司马金龙墓》，《文物》，1972年第3期。

（3）解廷琦：《大同方山北魏永固陵》，《文物》，1978年第7期。

（4）中国社会科学院考古研究所洛阳工作队：《北魏永宁寺塔基发掘简报》，《考古》，1981年第3期。

（5）中国社会科学院考古研究所洛阳工作队：《隋唐东都城址的勘查和发掘》，《考古》，1961年第3期。

（6）中国社会科学院考古研究所洛阳工作队：《隋唐东都城址的勘查和发掘续记》，《考古》，1978年第6期。

（7）中国社会科学院考古研究所内蒙古工作队：《内蒙古巴林左旗南杨家营子的遗址和墓葬》，《考古》，1964年第1期。

（8）江上波夫、水野清一：《内蒙古·长城地带》，《东方考古学丛刊》，乙种第一册，东亚考古学会，1935年。

（9）内蒙古文物工作队、内蒙古博物馆：《呼和浩特市附近出土的外国金银币》，《考古》，1975年第3期。

（10）内蒙古文物工作队：《内蒙古扎赉诺尔古墓群发掘简报》，《考古》，1962年第12期。

（11）内蒙古文物工作队：《内蒙古呼和浩特美岱村北魏墓》，《考古》，1962年第2期。

（12）内蒙古文物工作队：《内蒙古陈巴尔虎旗完工古墓清理简报》，《考古》，1965年第6期。

（13）内蒙古文物工作队：《内蒙古磴口县陶生井附近的古城古墓调查清理简报》，《考古》，1965年第7期。

（14）内蒙古文物工作队：《和林格尔发现一座重要的东汉壁画墓》，《文物》，1974年第1期。

（15）王育民：《十六国北朝人口考索》，《历史研究》，1987年第2期。

（16）史念海：《河山集》三集，人民出版社，1987年。

（17）史念海、曹尔琴、朱士光：《黄土高原森林与草原的变迁》，陕西人民出版社，1985年。

（18）司马光：《资治通鉴》，中华书局标点本，1971年。

（19）米文平：《鲜卑石室的发现与初步研究》，《文物》，1981年第2期。

（20）令狐德棻等撰：《周书》，中华书局标点本，1978年。

（21）李百药撰：《北齐书》，中华书局标点本，1972年。

（22）李延寿撰：《北史》，中华书局标点本，1974年。

(23) 李延寿撰：《南史》，中华书局标点本，1975年。

(24) 李剑农：《魏晋南北朝隋唐经济史稿》，中华书局，1963年。

(25) 佟柱臣：《东北原始文化的分布与分期》，《考古》，1961年第10期。

(26) 沈约撰：《宋书》，中华书局标点本，1978年。

(27) 房玄龄等撰：《晋书》，中华书局标点本，1974年。

(28) 河北省博物馆、文物管理局：《河北曲阳发现北魏墓》，《考古》，1972年第5期。

(29) 河北省文化局文物工作队：《河北承德地区的古文化遗址调查》，《考古》，1962年第12期。

(30) 河北省文化局文物工作队：《河北定县出土北魏石函》，《考古》，1966年第5期。

(31) 河南省文化局文物工作队：《洛阳北魏长陵遗址调查》，《考古》，1966年第3期。

(32) 姚思廉撰《梁书》，中华书局标点本，1973年。

(33) 俞伟超：《邺城调查记》，《考古》，1963年第1期。

(34) 洛阳博物馆：《河南洛阳北魏元乂墓调查》，《文物》，1974年第12期。

(35) 范晔撰：《后汉书》，中华书局标点本，1965年。

(36) 徐天麟撰：《东汉会要》，上海古籍出版社，1978年。

(37) 唐长孺：《魏晋南北朝史论丛》，生活·读书·新知三联书店，1955年。

(38) 马得志：《唐代长安与洛阳》，《考古》，1982年第6期。

（39）夏鼐：《北魏封和突墓出土萨珊银盘考》，《文物》，1983年第8期。

（40）夏鼐：《河北定县塔基舍利函中波斯萨珊朝银币》，《考古》，1966年第5期。

（41）张子波：《陕西咸阳发现北朝石辟邪》，《考古》，1960年第5期。

（42）张明善：《嘎仙洞祝文刻石与嵩山高灵庙碑》，《文物》，1981年第2期。

（43）张柏忠：《哲里木盟发现的鲜卑遗存》，《文物》，1981年第2期。

（44）张郁：《内蒙古大青山后东汉北魏古城遗址调查记》，《考古通讯》，1958年第3期。

（45）张穆：《蒙古游牧记》，"蒙藏委员会"重印，1959年。

（46）宿白：《北魏洛阳城和北邙陵墓——鲜卑遗迹辑录之三》，《文物》，1978年第7期。

（47）宿白：《东北、内蒙古地区的鲜卑遗迹》，《文物》，1977年第5期。

（48）宿白：《盛乐、平城一带的拓跋鲜卑——北魏遗迹》，《文物》，1977年第11期。

（49）宿白：《隋唐长安城和洛阳城》，《考古》，1978年第6期。

（50）陈正祥、孙得雄、黄宗辉：《中国之气候分类与气候区域》，敷明产业地理研究所研究报告第六十八号，1956年。

（51）陈正祥：《中国文化地理》，香港三联书店，1980年；

北京三联书店，1983年；台北木铎出版社，1985年。

（52）陈正祥：《中国历史与文化地理图册》，中文版由国际研究中国之家出版，1979年；日文版由东京原书房出版，1982年。

（53）陈正祥：《西北区域地理》，重庆商务印书馆，1945年第1版；上海商务印书馆，1947年第2版；上海商务印书馆，1948年第3版。

（54）陈正祥：《长城》，香港中文大学研究院地理研究中心研究报告第三十四号，由敷明产业地理研究所资助印刷，1971年。

（55）陈正祥：《农地担养力之测定》，《科学农业》八卷一、二期，1960年。

（56）陈正祥：《论生存空间》，《根源》创刊号，1991年。

（57）陈正祥：《蒙古地志》，香港中文大学研究院地理研究中心研究报告第三十二号（英文版列为第二十八号），由敷明产业地理研究所资助印刷，1970年。

（58）陈寅恪：《隋唐制度渊源略论稿》，"中央研究院"历史语言研究所专刊。

（59）黄明兰：《洛阳北魏景陵位置的确定和静陵位置的推测》，《文物》，1978年第7期。

（60）黑龙江省博物馆：《嫩江下游左岸考古调查简报》，《考古》，1960年第4期。

（61）杨衒之：《洛阳伽蓝记》，"中央研究院"历史语言研究所专刊。

（62）杨富斗：《山西曲沃县秦村发现的北魏墓》，《考古》，1959年第1期。

（63）逯耀东：《从平城到洛阳》，联经出版事业公司，1984年。

（64）盖山林：《内蒙古扎赉诺尔出土的狩猎纹骨板》，《考古》，1964年第11期。

（65）郑绍宗：《有关河北长城区域原始文化类型的讨论》，《考古》，1962年第12期。

（66）潘行荣：《内蒙古陈巴尔虎旗完工索木发现古墓群》，《考古》，1962年第11期。

（67）刘昫等撰：《旧唐书》，中华书局标点本，1975年。

（68）刘慧达：《北魏石窟与禅》，《考古学报》，1978年第3期。

（69）欧阳修、宋祁撰：《新唐书》，中华书局标点本，1975年。

（70）韩国磐：《北朝经济试探》，上海人民出版社，1958年。

（71）萧子显撰：《南齐书》，中华书局标点本，1972年。

（72）魏收撰：《魏书》，中华书局标点本，1974年。

（73）魏征等撰：《隋书》，中华书局标点本，1973年。

（74）谭其骧：《中国历史地图集》第四册，《东晋十六国·南北朝时期》，中国地图出版社，1982年。

（75）谭其骧：《长水集》，人民出版社，1987年。

（76）顾炎武：《历代帝王宅京记》，中华书局，1934年。

(77) 郦道元：《水经注》，世界书局印行，1962年。

(78) Chen Cheng-siang（陈正祥），The Agricultural Regions of China, Special Bulletin, American Institute of Crop Ecology, Washington, D.C., 1970.

特别声明：

本书出版前，出版方曾多方努力联系作者家人未果；烦请作者家人得知后与出版方联系，我们将郑重致谢，并立即支付相应稿酬。同时希望有作者家人联系方式的朋友能拨冗相告，非常感谢！

联系电话：010-62142290

电子邮箱：htyg999@vip.sina.com

图书在版编目（CIP）数据

草原帝国：拓跋魏王朝之兴衰 / 陈正祥著. -- 太原：山西人民出版社，2021.7

ISBN 978-7-203-11804-6

Ⅰ.①草… Ⅱ.①陈… Ⅲ.① 中国历史—研究—北魏 Ⅳ.K239.210.7

中国版本图书馆 CIP 数据核字（2021）第 086072 号

草原帝国：拓跋魏王朝之兴衰

著　　者	陈正祥
责任编辑	王新斐
复　　审	贾　娟
终　　审	张文颖
出 版 者	山西出版传媒集团·山西人民出版社
地　　址	太原市建设南路 21 号
邮　　编	030012
发行营销	010-62142290
	0351-4922220　4955996　4956039
	0351-4922127（传真）　4956038（邮购）
天猫官网	https://sxrmcbs.tmall.com　电话：0351-4922159
E-mail	sxskcb@163.com（发行部）
	sxskcb@163.com（总编室）
网　　址	www.sxskcb.com
经 销 者	山西出版传媒集团·山西人民出版社
承 印 厂	环球东方（北京）印务有限公司
开　　本	889mm×1092mm　1/32
印　　张	7.5
字　　数	200 千字
版　　次	2021 年 7 月　第 1 版
印　　次	2021 年 7 月　第 1 次印刷
书　　号	ISBN 978-7-203-11804-6
定　　价	48.00 元

如有印装质量问题请与本社联系调换